Descobrir Jogos Online Grátis

Disponível Aqui:

BestActivityBooks.com/FREEGAMES

5 DICAS PARA COMEÇAR

1) CÓMO RESOLVER LAS SOPA DE LETRAS

Os puzzles têm um formato clássico:

- As palavras estão escondidas sem espaços ou hífenes,...
- Orientação: As palavras podem ser escritas para a frente, para trás, para cima, para baixo ou na diagonal (podem ser invertidas).
- As palavras podem sobrepor-se ou intersectar-se.

2) APRENDIZAGEM ACTIVA

Ao lado de cada palavra há um espaço para anotar a tradução. Para encorajar a aprendizagem activa, um **DICIONÁRIO** no final desta edição permitir-lhe-á verificar e expandir os seus conhecimentos. Procure e anote as traduções, encontre-as no puzzle e adicione-as ao seu vocabulário!

3) MARCAR AS PALAVRAS

Pode inventar o seu próprio sistema de marcação - talvez já use um? Pode também, por exemplo, marcar palavras difíceis de encontrar com uma cruz, palavras favoritas com uma estrela, palavras novas com um triângulo, palavras raras com um diamante, e assim por diante.

4) ESTRUTURANDO A APRENDIZAGEM

Esta edição oferece um **CADERNO DE NOTAS** prático no final do livro. Nas férias, em viagem ou em casa, pode facilmente organizar os seus novos conhecimentos sem a necessidade de um segundo caderno!

5) JÁ TERMINOU TODAS AS GRELHAS?

Nas últimas páginas deste livro, na secção **DESAFIO FINAL**, encontrará um jogo gratuito!

Rápido e fácil! Consulte a nossa colecção de livros de actividades para o seu próximo momento de diversão e **aprendizagem**, a apenas um clique de distância!

Encontre o seu próximo desafio em:

BestActivityBooks.com/MeuProximoLivro

Aos vossos lugares, preparem-se...Vão!

Sabia que existem cerca de 7.000 línguas diferentes no mundo?
As palavras são preciosas.

Adoramos línguas e temos trabalhado arduamente para criar
livros da mais alta qualidade para si. Os nossos ingredientes?

Uma selecção de tópicos adequados à aprendizagem, três
boas porções de entretenimento, e depois acrescentamos uma
colherada de palavras difíceis e uma pitada de palavras raras.
Servimo-los com amor e máximo divertimento, para que possa
resolver os melhores jogos de palavras e se divirta a aprender!

A sua opinião é essencial. Pode participar activamente no
sucesso deste livro, deixando-nos um comentário. Gostaríamos
de saber o que mais lhe agradou nesta edição.

Aqui está um link rápido para a sua página de encomendas:

BestBooksActivity.com/Avaliacoes50

Obrigado pela vossa ajuda e divirtam-se!

A Equipa Inteira

1 - Dirigindo

```
B G Y P I G T R B M N T V M O K
M A A A F Z O V E J I R P O P A
K R K D Z M C C U U R O R T A R
M A C N E C I L E N U T O O S T
W Ž Y D T M K D S R G O M C N A
J A M V H I O A W I K M E I O F
K R F T U D Č J Š R K U T K S A
D I G P N Z N J Z E R P O L T U
L F I Z O V I R O G J E K G P T
N Z C Đ C G C P L I N P P Z U O
K A Ć E R S E N F A G C V Y D M
Đ L E U S S I G U R N O S T Z O
E H Y L W T K D M J W Y B P K B
F L W I L L A J P W M L D N T I
G R F C J H W B C Đ P Z W H W L
K O C A J I C I L O P T I G L I
```

NESREĆA	MOTOCIKL
AUTOMOBIL	MOTOR
GORIVO	PJEŠAK
OPREZ	OPASNOST
CESTA	POLICIJA
KOČNICE	ULICA
GARAŽA	SIGURNOST
PLIN	PRIJEVOZ
LICENCA	PROMET
KARTA	TUNEL

2 - Antiguidades

```
Y  C  A  A  V  O  N  B  O  N  Č  I  B  O  E  N
L  B  U  B  R  P  V  C  N  F  Y  G  A  F  L  N
Z  D  K  Đ  I  T  S  C  S  A  Z  B  Ć  Y  E  A
P  C  C  C  J  S  N  L  A  Đ  V  D  E  G  G  M
T  W  I  I  E  U  A  K  R  J  O  L  J  V  A  J
O  L  J  J  D  O  M  H  K  P  I  S  L  U  N  E
S  Z  A  E  N  N  V  J  U  Y  O  R  T  U  T  Š
R  T  Z  N  O  Č  E  B  E  A  D  J  E  E  A  T
A  J  I  A  S  I  Ć  F  C  T  N  M  S  L  N  A
H  S  F  L  T  T  E  K  I  E  N  P  E  B  A  J
U  L  A  G  A  N  J  E  N  T  Z  O  D  Z  L  G
S  T  A  R  D  E  L  B  A  I  I  L  S  J  Đ  V
D  L  T  T  O  T  O  S  V  L  T  U  Đ  T  K  R
J  E  K  U  C  U  T  W  O  A  W  U  E  D  O  P
N  R  N  D  T  A  S  C  K  V  G  W  N  B  M  M
S  K  U  L  P  T  U  R  A  K  C  G  I  T  E  V
```

UMJETNOST
AUTENTIČNO
UKRASNO
DESETLJEĆA
ELEGANTAN
SKULPTURA
STIL
GALERIJA
NEOBIČNO
ULAGANJE

AUKCIJA
NAMJEŠTAJ
KOVANICE
CIJENA
KVALITETA
OBNOVA
STOLJEĆE
VRIJEDNOST
STAR

3 - Churrascos

```
N  R  N  S  S  D  P  N  Y  R  O  C  Y  A  G  V
Z  O  E  G  S  A  J  O  T  R  V  U  T  M  R  R
B  N  Ž  P  P  L  L  K  Z  C  K  E  H  N  Z  U
S  O  L  E  C  G  E  A  N  I  T  E  L  I  P  Ć
H  U  E  C  V  A  T  Č  T  E  V  R  S  C  L  E
D  M  A  I  C  I  I  U  H  E  S  G  Z  P  J  Ć
W  A  N  Č  O  D  B  R  O  Š  T  I  L  J  E  O
N  K  D  J  A  N  O  P  O  V  R  Ć  E  H  T  V
Y  F  K  A  B  Z  A  L  G  P  A  P  A  R  O  C
D  G  L  R  V  P  I  H  Đ  Đ  F  I  S  G  I  M
J  I  K  J  L  O  E  Y  R  G  U  H  L  L  F  G
E  Y  E  M  R  R  N  K  H  E  V  E  Č  E  R  A
C  D  J  C  E  O  T  Y  K  T  S  C  I  P  P  R
A  L  C  V  W  R  B  B  N  V  O  F  G  W  V  F
T  K  N  Y  Đ  U  G  E  V  B  U  U  E  O  H  J
G  T  Đ  H  L  K  T  R  W  T  O  D  N  B  J  K
```

RUČAK	IGRE
POZIV	POVRĆE
DJECA	UMAK
NOŽEVI	GLAZBA
OBITELJ	PAPAR
GLAD	VRUĆE
PILETINA	SOL
VOĆE	SALATE
ROŠTILJ	RAJČICE
VEČERA	LJETO

4 - Pesca

```
Č J M V M A B V M P M O H D K Z
H A B B I L F V O R E Z E J G H
S R M P M S L O B D K W G S G C
C A M A M U C H J K A W R B O W
C Š F H C P W M A B B Z K M H B
Đ O Y F P O U I U V C M Š R C A
D K Z F L R I J E K A B Z D P C
J D E W A D W B J S E Z O N A B
P L O A Ž O K Y N A E C O C U H
Ž I C A A V U R E T E Ž I N A J
U Y P P E Đ K D J J O C A A F J
K U H A T I A D L R A S V M T V
O D E Z V H U D P Đ W R F B N Đ
T J E J N A V I R E J T E R P S
O P R E M A I R T Z O O D P M L
L L L L B L E T S U J L E Č T O
```

VODA   MAMAC
PERAJE   JEZERO
ČAMAC   ČELJUST
ŠKRGE   OCEAN
KOŠARA   STRPLJENJE
KUHATI   TEŽINA
OPREMA   PLAŽA
PRETJERIVANJE   RIJEKA
ŽICA   SEZONA
KUKA

5 - Geologia

```
O Y S W K E T S V N G U E Z G S
D W Đ T W A J L A R O K U V M T
V U L K A N M Z O N A L A F H A
F Đ K D R M H E C B H O A E I L
F O T A H Z W E N T C S N V L A
H T S S N P O T R E S O I H A G
T A P I M T P I K K L L M R M
Đ L W G L I L T A O R A E G E I
Z P Đ U J W Y K V N I W S K N T
E R O Z I J A A E T S M I V I I
V O H K C O T L R I T A K A M N
C Đ H Y L L L A N N A H H R S W
J U V E A S P T A E L B T C W R
U T N L K S W S H N I P Đ D C L
O Y M T A A U I A T N U J Y M V
H J Y G I C G M W A O G C I N W
```

KISELINA	FOSIL
SLOJ	LAVA
KAVERNA	MINERALI
KALCIJ	KAMEN
KONTINENT	PLATO
KORALJA	KVARC
KRISTALI	SOL
EROZIJA	POTRES
STALAKTIT	VULKAN
STALAGMITI	ZONA

6 - Tempo

```
F G H Z C J Y U A S I K V W W S
P O D N E U S A D A N I D O G T
N S Đ A S T S O L Š O R P M P O
S Z T D E R A D N E L A K Y Z L
E Đ K E J O R E E Ć I Y S F K J
G S N J M J G H O E A E R B Z E
R J V T D U F Z R J Đ Z Đ S H Ć
W P E U A K C O Đ L G Y D C U E
N E D A N A S J T T P J U Č E R
J O S Y V G W M D E C R P S L S
V C Ć P W A D F A S R U I N E P
T R E N U T A K N E F J B J C V
Y Đ W N W U H O L D M G S S E R
B U D U Ć N O S T V W D U S A W
Z Z G Z N I G O D I Š N J I T T
K F C Y W M O F T T I C J M M M
```

SADA
GODINA
PRIJE
GODIŠNJI
KALENDAR
DESETLJEĆE
DAN
BUDUĆNOST
DANAS
JUTRO

PODNE
MJESEC
MINUTA
TRENUTAK
NOĆ
JUČER
PROŠLOST
SAT
TJEDAN
STOLJEĆE

7 - Astronomia

```
S A T E K A R I M E V S L C S W
K A S O M Z O K P C R F Y F Z P
O O S T W H S U P E R N O V A O
N L B T R E K V I N O C I J A M
S P N Z R O B M E T E O R K L R
T R I I E O N A Č N U S F L V Č
E R S N Y M N O W L P M S E E I
L L Z H V H L A M Z F M G C U N
A T E N A L P J U B U U Y S F A
C V F V O U F Y A T P U N E B O
I Z H D B E Z R A Č E N J E M S
J Z V J E Z D A R N I C A A J Đ
A A S T E R O I D D H N R G E R
G R A V I T A C I J A J M Y S S
G U J M A G L I C A V W O F E V
G M O U A H H A A C F K P J C E
```

ASTEROID

ASTRONAUT

ASTRONOM

NEBO

KONSTELACIJA

KOZMOS

POMRČINA

EKVINOCIJA

RAKETA

GRAVITACIJA

MJESEC

METEOR

MAGLICA

ZVJEZDARNICA

PLANETA

ZRAČENJE

SUNČANO

SUPERNOVA

ZEMLJA

SVEMIR

8 - Acampamento

```
H O F Š A T O R T I P D W N F O
P J N Z R S Z V T V I L B G N H
A M A N U E I I U G K M J U A G
O P R E M A R T A V S M J A A K
A V A N T U R A T R A K E K F J
M R A Đ V F D V J W P B Z D L N
Š J E C S K Y H N R M Z E S V E
O E J N I T O V I Ž O B R G I U
S Đ Š D H Z G K O W K R O I R G
P Đ U I T R R U Đ L K A B I N A
K E Ž I R Z Y K A N I N A L P D
Z A E D I Y S A Ć E S I V L A O
N R N D C U U C E S E J M P F R
L G U U O P G C V P G A C N Z I
T P A J P U B N R Š U M A B H R
J A Đ N F U Z L D T Z F C O F P
```

ŽIVOTINJE	ŠUMA
AVANTURA	VATRA
DRVEĆA	KUKAC
KOMPAS	JEZERO
KABINA	MJESEC
LOV	VISEĆA
KANU	KARTA
ŠEŠIR	PLANINA
UŽE	PRIRODA
OPREMA	ŠATOR

9 - Ficção Científica

```
D I S T O P I J A A I P M A W P
M N G F P N K Z N T L R L J F L
G A L A K S I J A O U O N I K A
K Č E F L B Y N R M Z R Z G G N
R I B K U V Y I T S I O A O H E
A T C I S T T O A K J Č M L Đ T
J S S G P P U Đ V I A I I O I A
N A V R J L L R Đ M E Š Š N V F
O T I Y S L A O I W H T L H F W
S N J H E D Y Đ Z S D E J E S R
T A E G I J N K B I T T E T V B
J F T R E A L N O J J I N L F C
U T O P I J A K I O A A Č G D Z
R C V F L H Đ M R M K I F K W O
T A J A N S T V E N I U I V I P
N M D O E F Đ R O B O T I I Đ F
```

ATOMSKI

KINO

DISTOPIJA

EKSPLOZIJA

KRAJNOST

FANTASTIČAN

VATRA

FUTURISTIČKI

GALAKSIJA

ILUZIJA

ZAMIŠLJEN

KNJIGE

TAJANSTVENI

SVIJET

PROROČIŠTE

PLANETA

REALNO

ROBOTI

TEHNOLOGIJA

UTOPIJA

10 - Mitologia

```
B S W J K A T A S T R O F A J S
E T T U S T V A R A N J E V U M
S V W N P R W V I R S L B P N R
M O Đ A O D G F I E J U M G A T
R R E K N M D N H Z O V L L K N
T E T I A N I V A J L M R G I I
N N Š N Š M O S V E T A O W N K
O J I J A R U T L U K Z B E T G
S E V A N H T N I R I B A L A B
T U O T J S J Z J M S I A A R E
T M D E E W F G J A D N E G E L
L J U B O M O R A C O V A I R Đ
N Z Č Y O R I I T T S W F G D A
Č A R O B N I A R H E T I P A V
G M T H F Z K N T M N I T D M D
R M V K F Z T F C Đ P A A B N A
```

ARHETIP	JUNAK
LJUBOMORA	BESMRTNOST
PONAŠANJE	LABIRINT
STVARANJE	LEGENDA
STVORENJE	ČAROBNI
KULTURA	ČUDOVIŠTE
KATASTROFA	SMRTNIK
SNAGA	MUNJA
RATNIK	GRMLJAVINA
JUNAKINJA	OSVETA

11 - Medições

```
I  R  V  N  U  D  Y  P  P  V  V  O  K  Z  K  B
K  Z  Y  M  P  U  C  L  L  A  G  B  A  J  T  G
E  I  H  Đ  N  Ž  Z  P  F  R  M  V  T  F  S  R
C  Y  L  Y  B  I  M  T  K  F  D  K  U  E  D  A
L  W  A  Č  N  I  Z  C  I  P  A  N  L  R  M
B  I  Z  W  M  A  N  O  T  T  I  D  I  H  E  H
F  L  T  M  O  E  C  Y  M  H  B  J  M  E  M  Y
U  D  R  R  M  N  T  S  T  U  P  A  N  J  O  Z
N  U  G  A  A  H  R  A  T  E  M  I  T  N  E  C
C  B  O  T  N  L  Y  V  R  Š  I  R  I  N  A  T
A  I  Đ  E  I  M  A  R  G  O  L  I  K  M  N  O
K  N  J  M  S  V  R  M  O  V  H  P  W  S  I  F
I  A  U  E  I  M  H  B  I  K  T  L  S  G  Ž  C
M  A  S  A  V  C  W  V  D  C  L  Z  P  O  E  M
V  O  L  U  M  E  N  B  Z  S  E  P  P  A  T  O
I  V  K  P  Đ  B  L  C  M  W  I  D  G  K  H  Z
```

VISINA	METAR
BAJT	MINUTA
CENTIMETAR	UNCA
DUŽINA	TEŽINA
DECIMALA	INČ
GRAM	DUBINA
STUPANJ	KILOGRAM
ŠIRINA	KILOMETAR
LITRA	TONA
MASA	VOLUMEN

12 - Álgebra

```
L  N  S  V  Z  L  Đ  A  D  G  Đ  P  P  L  Y  Z
A  J  U  Đ  A  J  I  C  K  A  R  F  O  B  W  M
Ž  B  K  L  P  Y  P  N  M  E  P  E  D  N  T  U
N  H  I  F  A  C  I  K  E  I  A  G  J  O  R  B
O  W  S  H  L  D  M  W  L  A  P  S  E  O  O  E
F  O  R  M  U  L  A  Z  B  M  R  V  L  D  T  K
B  J  V  I  M  V  H  V  O  U  V  N  A  U  K  S
E  E  A  B  A  D  Đ  Đ  R  S  F  P  I  Z  A  P
S  D  R  K  T  R  I  E  P  H  B  C  K  I  F  O
K  N  I  O  R  N  Đ  J  I  G  R  Z  B  M  M  N
O  A  J  L  I  R  N  N  A  D  A  R  G  A  Z  E
N  D  A  I  C  N  H  E  M  G  K  B  Y  N  V  N
A  Ž  B  Č  A  E  W  Š  G  G  R  M  E  J  D  T
Č  B  L  I  L  I  N  E  S  N  E  A  E  E  S  F
N  A  A  N  L  T  K  J  O  F  S  J  M  G  C  R
O  Y  Y  A  Z  B  C  R  V  P  O  S  L  N  J  Đ
```

DIJAGRAM	MATRICA
PODJELA	BROJ
JEDNADŽBA	ZAGRADA
EKSPONENT	PROBLEM
LAŽNO	KOLIČINA
FAKTOR	RJEŠENJE
FORMULA	SUMA
FRAKCIJA	ODUZIMANJE
BESKONAČNO	VARIJABLA
LINEARNI	NULA

13 - Plantas

```
B  L  J  H  A  C  K  T  K  D  Y  P  L  N  O  F
P  I  T  C  K  V  O  C  R  J  K  H  W  Y  Z  H
J  Š  A  E  M  I  R  B  C  A  G  Y  V  W  F  O
T  Ć  U  Y  C  J  I  U  L  C  V  R  G  P  L  T
L  E  J  E  I  E  J  J  J  I  I  A  A  C  Y  K
L  Z  Y  B  A  T  E  I  D  B  H  M  Z  H  N  K
U  A  R  O  L  F  N  F  H  O  S  U  B  M  A  B
U  K  O  C  L  S  N  S  G  B  I  Š  Z  C  J  B
Y  I  A  G  R  M  D  V  K  R  B  H  S  W  I  G
D  N  M  K  U  J  R  C  D  T  R  V  G  W  C  U
D  A  M  A  T  H  V  U  D  M  Š  N  N  L  A  L
L  T  U  U  Y  U  O  G  O  D  L  J  O  I  T  J
U  O  M  P  U  C  S  T  I  R  J  J  J  R  E  Z
G  B  O  B  A  N  I  V  O  H  A  M  I  Y  G  U
L  A  T  I  C  A  L  I  S  T  N  F  V  K  E  U
M  C  C  C  O  F  V  C  F  Z  B  U  O  P  V  E
```

GRM	ŠUMA
DRVO	LIST
BOBICA	LIŠĆE
BAMBUS	TRAVA
BOTANIKA	BRŠLJAN
KAKTUS	VRT
GRAH	MAHOVINA
GNOJIVO	LATICA
CVIJET	KORIJEN
FLORA	VEGETACIJA

14 - Veículos

```
H  S  K  K  E  G  B  H  P  V  C  A  M  A  Č  S
I  G  K  O  P  F  M  E  O  N  A  U  S  A  R  Đ
T  Đ  J  U  M  A  T  L  D  E  U  T  P  G  K  W
N  I  F  G  T  B  H  I  M  N  T  O  L  Đ  W  F
A  B  M  E  K  E  I  K  O  T  O  M  A  W  E  Đ
P  E  W  Y  E  M  R  O  R  A  B  O  V  S  I  Y
O  L  H  M  J  U  B  P  N  K  U  B  O  R  M  I
M  S  C  W  A  G  I  T  I  S  S  I  M  M  Z  K
O  T  M  W  R  Đ  C  E  C  I  P  L  T  F  R  A
Ć  Y  H  Đ  T  E  I  R  A  J  M  P  Y  W  T  R
Č  U  N  A  K  T  K  N  T  E  K  O  P  M  M  A
P  P  O  Đ  U  D  L  C  E  L  Y  V  T  N  R  V
B  L  I  V  O  L  P  O  K  A  R  Z  A  O  G  A
N  R  M  L  L  Y  J  Z  A  Y  W  I  M  U  R  N
H  I  A  C  D  Z  A  L  R  O  T  K  A  R  T  B
Y  V  K  W  U  I  O  Đ  M  O  Y  R  P  K  E  Y
```

HITNA POMOĆ	HELIKOPTER
ZRAKOPLOV	SPLAV
TRAJEKT	SKUTER
ČAMAC	MOTOR
BICIKL	AUTOBUS
KAMION	GUME
KARAVAN	PODMORNICA
AUTOMOBIL	TAKSI
RAKETA	ČUNAK
KOMBI	TRAKTOR

15 - Engenharia

```
S  T  R  U  K  T  U  R  A  G  A  N  S  I  M  D
R  P  O  G  O  N  W  L  Y  A  J  V  Y  Z  O  I
E  N  E  R  G  I  J  A  E  J  N  K  Đ  R  T  M
J  C  Z  D  S  E  L  E  Z  I  D  I  G  A  O  E
M  E  S  T  K  S  L  I  T  C  A  I  B  Č  R  N
O  O  K  T  G  H  R  O  L  U  R  S  T  U  K  Z
R  R  I  O  R  C  U  K  D  B  G  T  E  N  D  I
P  W  E  S  V  O  R  M  C  I  Z  A  K  K  C  J
A  J  D  K  O  Đ  J  O  M  R  I  B  U  S  T  E
O  Y  T  M  H  S  W  B  J  T  I  I  Ć  T  U  S
R  G  U  R  B  J  Y  B  E  S  G  L  I  C  C  N
S  A  S  O  E  L  Y  U  R  I  V  N  N  P  S  T
A  G  H  F  C  N  G  B  E  D  G  O  A  S  O  K
Z  R  P  D  T  L  J  O  N  M  D  S  J  N  A  D
M  E  K  M  L  M  Đ  E  J  R  A  T  S  G  V  Z
D  I  J  A  G  R  A  M  E  U  I  Đ  K  N  L  Y
```

TRENJE	ENERGIJA
KUT	STABILNOST
IZRAČUN	STRUKTURA
IZGRADNJA	SNAGA
DIJAGRAM	TEKUĆINA
PROMJER	STROJ
DIZEL	MJERENJE
DIMENZIJE	MOTOR
DISTRIBUCIJA	DUBINA
OS	POGON

16 - Restaurante # 2

```
V  V  V  R  I  I  K  Z  Đ  F  M  Đ  U  U  B  R
K  E  D  L  P  U  T  S  G  P  D  Y  E  A  S  E
O  Z  Č  K  O  C  Đ  O  L  E  J  D  E  R  P  Z
N  J  I  E  F  A  V  L  L  M  Y  D  A  V  M  A
O  I  C  V  R  R  O  I  V  O  Ć  E  K  L  V  N
B  I  E  F  Đ  A  L  H  L  B  V  L  W  I  C  C
A  A  T  A  L  A  S  R  M  I  N  I  Č  A  Z  I
R  B  F  D  H  C  J  J  U  A  C  I  L  O  T  S
P  I  Ć  E  G  I  K  E  T  Č  N  A  T  R  O  T
P  R  Z  Ć  Đ  L  S  N  U  U  A  H  U  J  K  U
N  V  Đ  R  T  Ž  P  N  B  B  D  K  Đ  E  P  R
C  V  C  V  D  E  A  Z  Y  G  O  Y  K  T  W  T
W  A  S  O  N  S  U  K  U  G  V  Z  R  C  P  G
V  U  B  P  J  O  Đ  K  V  A  F  U  B  L  A  G
Z  U  A  T  I  O  T  H  V  O  O  B  O  S  Z  W
L  E  L  F  C  W  L  E  T  L  H  K  P  I  L  P
```

RUČAK   KONOBAR
PREDJELO   VILICA
VODA   LED
PIĆE   VEČERA
TORTA   POVRĆE
STOLICA   REZANCI
ŽLICA   RIBA
UKUSNO   SOL
ZAČINI   SALATA
VOĆE   JUHA

17 - Países #2

```
H  T  G  E  N  M  U  G  A  N  D  A  N  L  U  A
E  A  N  U  K  E  S  N  A  D  J  L  R  S  Y  L
D  M  W  G  M  D  P  W  H  N  C  L  Đ  N  A  B
F  I  I  C  H  F  C  A  F  K  H  J  B  F  Đ  A
M  N  C  G  K  C  J  O  L  B  F  Đ  Đ  C  F  N
F  R  A  N  C  U  S  K  A  H  A  I  T  I  H  I
I  N  D  O  N  E  Z  I  J  A  K  J  A  M  A  J
M  O  V  I  T  N  M  E  S  F  L  L  T  P  M  A
W  N  N  S  T  I  J  A  P  A  N  U  Y  A  E  A
J  A  Y  I  A  R  U  S  I  J  A  Y  C  K  K  P
L  B  L  R  G  G  R  Č  K  A  G  R  Y  I  S  Đ
C  I  V  A  Đ  E  Z  D  M  K  J  E  L  S  I  H
W  L  V  A  O  J  R  Z  B  S  Y  R  L  T  K  T
W  C  N  H  M  S  N  I  S  R  F  G  Đ  A  O  Đ
S  O  M  A  L  I  J  A  J  I  R  I  S  N  C  Z
U  K  R  A  J  I  N  A  F  A  D  A  N  S  K  A
```

ALBANIJA	LIBANON
DANSKA	MEKSIKO
FRANCUSKA	NEPAL
GRČKA	NIGERIJA
HAITI	PAKISTAN
INDONEZIJA	RUSIJA
IRSKA	SIRIJA
JAMAJKA	SOMALIJA
JAPAN	UKRAJINA
LAOS	UGANDA

18 - Números

```
U  P  C  Đ  R  Č  E  T  R  N  A  E  S  T  T  S
C  E  V  T  Y  A  V  O  V  F  A  A  G  S  M  E
R  O  C  Z  I  T  N  Z  W  L  L  W  J  E  V  B
A  B  R  Č  Y  T  S  E  A  N  A  V  D  A  I  Z
P  R  V  E  K  S  V  S  H  A  M  T  C  N  I  O
A  E  F  T  P  E  B  M  T  D  I  A  I  T  S  Y
T  T  T  I  T  A  V  D  L  E  C  L  I  E  E  D
D  R  C  R  D  N  N  D  S  J  E  K  E  P  L  E
V  K  I  I  N  M  A  S  O  V  D  Š  E  S  T  S
A  F  J  N  S  A  Š  E  S  N  A  E  S  T  Y  E
D  M  G  D  A  D  E  V  E  T  S  E  D  A  M  T
E  B  O  T  G  E  V  Đ  B  S  D  N  I  D  S  G
S  J  A  U  Y  S  S  J  G  J  Y  U  Y  V  U  E
E  T  W  M  D  A  A  T  Z  T  E  L  Đ  K  C  R
T  O  S  A  M  N  A  E  S  T  R  A  O  J  M  T
Y  P  P  W  Z  G  F  D  D  M  B  I  F  I  F  B
```

PET	ČETRNAEST
DECIMALA	ČETIRI
DESET	PETNAEST
ŠESNAEST	ŠEST
SEDAMNAEST	SEDAM
OSAMNAEST	TRINAEST
DVA	TRI
DVANAEST	JEDAN
DEVET	DVADESET
OSAM	NULA

19 - Física

```
R M G A B F N F M O T A B E G B
E O S M A O U R O O W V K C R R
L L J E O R K E T V W F R Č A Z
A E Z H N M L K O M L A E E V I
T K G A A U E V R J A Y J S I N
I U U W L L A E S M M S N T T A
V L S O A A R N Đ T A O A I A K
N A T Y Z N N C O F Z A Z C C E
O F O M R Đ I I W R I K R A I M
S Ń Ć P E M O J Đ A T Đ B N J I
T V A O V H D A K A E K U W A J
E O H R I B A B K M N R E F Đ S
D O Y C N N U N B O G A E L A K
R B F Y U T O I I U A F D O E I
O W L Z R O V L P K M C C Y G M
O Z W M W E I P H A A J J C O Z
```

UBRZANJE
ATOM
KAOS
GUSTOĆA
ELEKTRON
FORMULA
FREKVENCIJA
PLIN
GRAVITACIJA
MAGNETIZAM

MASA
MEHANIKA
MOLEKULA
MOTOR
NUKLEARNI
ČESTICA
KEMIJSKI
RELATIVNOST
UNIVERZALAN
BRZINA

20 - Especiarias

```
E  Š  Č  E  Š  N  J  A  K  A  H  M  Z  N  M  G
Č  A  R  O  M  O  K  S  V  K  T  P  Z  Z  W  P
J  F  P  R  M  L  G  U  K  A  R  O  G  R  P  M
Đ  R  C  Z  U  I  S  Đ  O  P  N  I  M  U  K  Z
R  A  H  U  Z  R  I  U  R  T  I  I  O  P  Z  F
J  N  M  O  R  T  E  M  I  C  Đ  T  L  L  Y  N
Đ  A  O  S  I  R  C  B  J  A  O  P  O  I  Y  R
M  L  M  C  V  U  Y  I  A  Z  N  G  S  K  J  S
S  L  A  T  K  O  W  R  N  V  W  I  M  I  S  A
U  S  D  P  A  P  A  R  D  S  K  V  S  S  L  Đ
K  T  R  Y  T  R  H  V  E  U  Đ  R  M  E  A  R
O  O  A  W  J  A  V  F  R  U  F  B  L  L  T  W
L  U  K  P  A  P  R  I  K  A  Z  G  L  O  K  I
P  K  Đ  G  Z  O  W  Y  I  R  C  Y  B  P  I  K
O  M  P  N  A  Y  Z  W  V  G  E  P  D  M  V  N
J  C  D  H  Z  A  U  G  V  S  Y  S  G  S  F  N
```

ŠAFRAN	LUK
SLATKI	KORIJANDER
ČEŠNJAK	KUMIN
GORAK	SLATKO
ANIS	KOMORAČ
KISELO	ĐUMBIR
VANILIJA	PAPRIKA
CIMET	PAPAR
KARDAMOM	OKUS
CURRY	SOL

21 - Países #1

```
K S L V E N E Z U E L A B M T Y
A E K A N A D A H K J G A N Š R
M N C H A W B K Đ N Z F F J P P
B E E R B D H S B D N F Y E A A
O G V G W D Đ J I J N A A M N N
D A Z G I I Z L E A R Z I A J A
Ž L R T L P I O N K J L S Č O M
A D E N A G A P I A F O J K L A
V C Z G M C E T V W Đ E S A S J
N I K A R A G V A Đ V Y T B K I
B M A F F O I N D I J A T L A L
R A R D I S D G N O R V E Š K A
A R I Z I N F A E R J S Y R B T
Z O Z L B U S P V T B L W S V I
I K Y O P J E K I K K J Đ T L V
L O L T G W M K A Z E D Đ K U I
```

NJEMAČKA	ITALIJA
BRAZIL	INDIJA
KAMBODŽA	MALI
KANADA	MAROKO
EGIPAT	NIKARAGVA
EKVADOR	NORVEŠKA
ŠPANJOLSKA	PANAMA
FINSKA	POLJSKA
IRAK	SENEGAL
IZRAEL	VENEZUELA

22 - A Mídia

```
C Z V J M N J K R L D Y L R F F
M V T W R J A U U T Y V Y A V O
Z I K Y E I R L J P S E L D U T
D R Š A Ž D E C I N E J N I Č O
A E U L A K W J I N L A K O L G
N M Đ Đ J S L I K E I A F J S R
F W O U V E Đ C L T J J P A T A
N O V I N E N E Đ R A I I V A F
I Z D A N J E J I G S R D N V I
K T P R E J T Z E O L T N O O J
D I G I T A L N I V I S K S V E
Z E F K O F U R K A F U P T I Đ
H C L S B G Z Đ D Č U D I N B J
V O C B A J I C A K I N U M O K
N W U H C W D R D I S I P C G M
F J G F I N A N C I R A N J E D
```

STAVOVI	INDUSTRIJA
TRGOVAČKI	NOVINE
KOMUNIKACIJA	LOKALNI
DIGITALNI	NA LINIJI
IZDANJE	MIŠLJENJE
ČINJENICE	JAVNOST
FINANCIRANJE	RADIO
FOTOGRAFIJE	MREŽA
SLIKE	

23 - Casa

```
I  P  G  O  Đ  K  I  D  R  V  J  Y  K  S  T  L
W  O  O  A  P  N  P  O  G  R  A  D  A  A  E  S
F  R  L  T  R  F  K  K  Z  C  S  O  Z  W  V  Z
T  T  A  N  K  A  J  N  I  H  U  K  I  U  U  S
P  S  D  Y  F  R  Ž  T  E  P  I  H  D  B  Z  M
Y  S  E  T  U  Š  O  A  C  I  N  Ž  I  J  N  K
D  R  L  M  M  A  L  V  M  E  T  L  A  A  A  V
A  H  G  I  R  B  C  Y  L  R  U  I  W  T  E  R
H  M  O  N  Đ  U  I  T  H  J  V  R  T  Š  R  A
Z  A  V  J  E  S  E  S  W  B  E  M  Z  E  S  T
U  R  S  B  S  O  B  A  P  W  N  P  I  J  L  A
K  A  M  I  N  F  O  T  R  P  O  J  P  M  A  L
T  I  P  K  E  W  P  H  O  H  V  W  R  A  V  B
B  N  Đ  Z  G  F  Đ  L  Z  K  H  T  L  N  I  T
N  N  F  I  D  D  W  H  O  R  Đ  D  R  H  N  P
B  Z  E  B  H  A  U  A  R  Z  M  G  B  Y  A  P
```

KNJIŽNICA	KAMIN
OGRADA	NAMJEŠTAJ
TIPKE	ZID
TUŠ	VRATA
ZAVJESE	SOBA
KUHINJA	POTKROVLJE
OGLEDALO	TEPIH
GARAŽA	STROP
PROZOR	SLAVINA
VRT	METLA

24 - Vegetais

```
Đ  K  S  E  Đ  Z  Y  B  W  I  R  C  R  L  P  N
B  U  R  Z  P  M  R  O  P  C  O  E  A  N  A  S
J  Z  M  Z  M  R  K  V  A  Č  T  L  J  K  T  H
H  I  O  B  N  I  E  M  V  E  K  E  Č  O  L  S
R  Đ  U  C  I  O  V  H  I  Š  V  R  I  W  I  A
I  Đ  A  C  A  R  E  B  J  N  I  H  C  D  D  L
K  A  J  Z  O  K  K  U  L  J  C  F  A  A  Ž  A
G  Z  H  Z  I  D  I  R  G  A  A  F  H  Đ  A  T
P  A  K  O  Č  I  T  R  A  K  T  K  T  E  N  A
B  U  N  D  E  V  A  I  Y  S  J  D  P  I  F  R
P  M  I  H  Z  N  L  P  U  M  T  L  R  L  R  J
F  E  Š  L  I  G  U  M  E  V  A  A  T  J  A  A
U  U  R  W  U  E  K  U  L  R  N  E  V  K  V  O
L  M  E  N  P  E  O  R  Đ  R  I  J  P  A  P  N
E  U  P  F  L  P  R  K  A  R  P  S  A  N  C  A
G  R  A  Š  A  K  B  N  P  M  Š  L  K  U  R  O
```

BUNDEVA
CELER
ARTIČOKA
ČEŠNJAK
KRUMPIR
PATLIDŽAN
BROKULA
LUK
MRKVA
LUK KOZJAK

GLJIVA
GRAŠAK
ŠPINAT
ĐUMBIR
REPA
KRASTAVAC
ROTKVICA
SALATA
PERŠIN
RAJČICA

25 - Balé

```
R O A R R R G Đ D L T I C R S G
Z T R I U H R A T S E K R O K P
P B I T R T A N I T Š E J V L K
J R U A Y P C T F Đ D T Đ A A O
P J A M K E I A S L P D R R D R
Đ I K K A Y O S I E B P W R A E
T N I B S F Z M O Y G O V B T O
G T L J E A A N I R E L A B E G
E E B W J F N R A Y P O B O L R
S N U G L A Z B A G R S O N J A
R Z P Z P I Č A S E L P R I F F
E I K Č I N T E J M U T P V D I
R T Y U J L L S V D I J S J W J
Đ E I E Z E W M Z S T M Y C T A
Y T T E H N I K A N B E K P W A
B V N C J I Z R A Ž A J A N U F
```

PLJESAK
UMJETNIČKI
BALERINA
SKLADATELJ
KOREOGRAFIJA
PLESAČI
PROBA
STIL
IZRAŽAJAN
GESTA

GRACIOZAN
VJEŠTINA
INTENZITET
GLAZBA
ORKESTAR
PRAKSA
PUBLIKA
RITAM
SOLO
TEHNIKA

26 - Adjetivos #1

```
G G Z T O A V H B N N A T G R W
J N I K S T A M O R A T A D Z Z
T U W S W J Ž N K V J R N B T R
T Đ S R D U N K J R L A A V E F
S K I P W Z O Z Y I I K K E Š L
F A G D O F T Z I J B T H L K L
I R V N E R K S I E Z I A I A J
O M T R L N I S M D O V I K R E
D B C W Š Đ T T T A L A C I M G
J U S Đ Y E Z I I N B N N D Z Z
P J W F H W N Đ Č Y P A D E V O
M N A T U L O S P A U R S T R T
O G R O M A N Z U F N E G E Đ I
U M J E T N I Č K I U D P H C Č
V E L I K O D U Š A N O T J E N
T A J A N S T V E N I M B M G O
```

APSOLUTAN	ISKREN
AROMATSKI	IDENTIČAN
UMJETNIČKI	VAŽNO
ATRAKTIVAN	USPORITI
OGROMAN	TAJANSTVENI
MRAK	MODERAN
EGZOTIČNO	SAVRŠEN
TANAK	TEŠKA
VELIKODUŠAN	OZBILJAN
VELIKI	VRIJEDAN

27 - Psicologia

```
S  K  U  V  S  K  M  M  S  F  H  A  Z  B  L  D
P  T  L  F  A  Y  D  I  S  P  O  Z  N  A  J  A
E  S  V  I  V  O  N  S  J  B  W  H  B  V  A  P
R  O  N  A  N  U  B  L  M  C  S  Y  K  T  Ć  R
C  N  Y  R  R  I  T  I  P  H  U  Y  Z  S  E  O
E  B  V  L  Y  N  Č  J  V  G  K  R  I  U  J  C
P  O  F  T  P  P  O  K  E  V  O  E  W  K  S  J
C  S  C  F  P  Z  G  S  I  C  B  Y  Đ  S  O  E
I  O  U  N  W  Z  E  F  T  J  A  S  D  I  H  N
J  L  O  V  T  S  J  N  I  T  E  J  D  P  Z  A
A  G  W  B  R  A  I  E  C  I  U  T  I  J  H  V
V  P  K  V  O  K  C  P  O  N  A  Š  A  N  J  E
D  C  K  W  W  D  O  N  S  E  J  V  S  E  N  O
J  I  I  E  Đ  E  M  E  L  B  O  R  P  A  D  L
B  R  R  F  Đ  C  E  C  T  E  R  A  P  I  J  A
T  D  Z  T  L  B  T  O  J  L  B  F  Đ  B  Y  L
```

PROCJENA	UTJECAJI
KLINIČKI	MISLI
SPOZNAJA	PERCEPCIJA
PONAŠANJE	OSOBNOST
SUKOB	PROBLEM
EGO	STVARNOST
EMOCIJE	OSJEĆAJ
ISKUSTVA	SNOVI
NESVJESNO	TERAPIJA
DJETINJSTVO	

28 - Paisagens

```
T G K R W T K P W O O R I P L C
M O Č V A R A L L A I Đ P L E O
D R O R Ž G J R Z Z U P U A D Z
O E W N A U N L L A J D S N E D
L Z M I L E E K I Z T D T I N K
I E D A P O D O V J W B I N A H
N J Z R W M E Z I O G F N A M H
A F F A R C L L P F Y N J E V N
T B O J G I P M O R E A A C T E
U R T S W P J O S H H K Đ E V U
N D O H O H Š E L M P L K D C H
D O K D M R P Z K U N U K D Z O
R Y K G B Y I M E A O V G G W D
A S K Y Đ H L H K Z I T C G T I
Z A L J E V J B G W E F O U K C
F B C Z O D A H E U V F R K R P
```

VODOPAD	PLANINA
ŠPILJA	OAZA
BRDO	OCEAN
PUSTINJA	MOČVARA
LEDENJAK	POLUOTOK
ZALJEV	PLAŽA
LEDENA	RIJEKA
OTOK	TUNDRA
JEZERO	DOLINA
MORE	VULKAN

29 - Dança

```
P D L F Y L M K K U V M C M D H
E A B O R P I L L V Đ Y R Z R T
O B R F R H L R P A A A K V Ž N
R Z R T Y K O Z F O S B P L A K
P A A E N C S M L V I I R F N O
I L D R Y E T C I M U I Č I J R
Z G O K M Y R V Đ L N A U N E E
R I S O U M J E T N O S T R I O
A V T P G A W H E R C J O U N G
Ž D A R U T L U K M R K L T D R
A I N Z R I P C D O O W E L I A
J M K V A R Đ G H Z U C J U V F
A B P Y I B G F I W N M I K A I
N A L A N O I C I D A R T J C J
B V F O D R S K O K Đ L S O A A
S S F Z W A K A D E M I J A I F
```

AKADEMIJA
RADOSTAN
UMJETNOST
KLASIČNI
KOREOGRAFIJA
TIJELO
KULTURA
KULTURNI
EMOCIJA
PROBA

IZRAŽAJAN
MILOST
POKRET
GLAZBA
PARTNER
DRŽANJE
RITAM
SKOK
TRADICIONALAN
VIDNI

30 - Nutrição

```
G M H B I H G J O P G N O T D Y
S U M A K L W O T R G H K E I M
G A F P I N I E T O R P U K J H
R O S I Đ Y I U E B Y B S U E G
K N R T I J U Z O A I K M Ć T K
R Z Y A O O K K Z V O S P I A U
K N H Đ K J F G I A A D C N T R
W O K G Đ M C H U S Đ R B E E A
N D K U A P W I F T F U D F T V
J E S T I V O O O N Y Y V Z I N
S L T T T E T E Ž I N A R V L O
K A L O R I J E P S U M E I A T
Z D R A V L J E K K W O N O V E
H R A N L J I V R O P Z J V K Ž
R V A Đ S D A P E T I T E J B E
V I T A M I N I V L H M W M E N
```

GORAK
APETIT
KALORIJE
JESTIVO
DIJETA
PROBAVA
URAVNOTEŽEN
VRENJE
SASTOJCI
TEKUĆINE

UMAK
HRANLJIV
TEŽINA
PROTEINI
KVALITETA
OKUS
ZDRAV
ZDRAVLJE
TOKSIN
VITAMIN

31 - Energia

```
T A I I V N U K L E A R N I E B
E V I J L V O N B O N O M O N A
E L E Z I D Đ T D K I K O S T T
J U E M M L E W O D L O T K R E
E Y D K I J L G U F P L O C O R
I J W I T S C I W D O I R W P I
V U A D R R U P S Đ T Š Đ E I J
G Z J O L E O N I Z N E B O J A
N Đ I V U J W N C O R L U C A O
T U R B I N A Y I E M S A Z S G
U Z T E L E K T R I Č N I P P O
Y W S Y O Đ L A A V R U P R G N
D A U L F A M C T T W U O A A C
V N D Y W G C C E C G H A O V Y
U D N H N A U W J D U K S A K P
B O I M V Z D Y V G O R I V O N
```

OKOLIŠ	BENZIN
BATERIJA	VODIK
TOPLINA	INDUSTRIJA
UGLJIK	MOTOR
GORIVO	NUKLEARNI
DIZEL	ZAGAĐENJE
ELEKTRIČNI	OBNOVLJIV
ELEKTRON	SUNCE
ENTROPIJA	TURBINA
FOTON	VJETAR

32 - Disciplinas Científicas

```
P  K  A  K  Đ  V  C  Đ  G  A  O  Z  F  O  H  J
S  S  N  Y  E  I  V  B  F  J  A  J  I  M  E  K
U  O  I  E  K  O  L  O  G  I  J  A  Z  A  A  K
R  H  C  H  L  V  M  B  R  M  I  K  I  R  S  I
J  Đ  Z  I  O  G  H  E  N  O  M  I  O  H  T  N
E  H  U  E  O  L  Z  L  K  T  E  T  L  E  R  E
K  A  M  S  A  L  O  G  T  A  K  S  O  O  O  Z
J  Z  N  G  F  A  O  G  M  N  O  I  G  L  N  I
D  N  E  F  H  J  M  G  I  A  I  V  I  O  O  O
B  O  T  A  N  I  K  A  I  J  B  G  J  G  M  L
B  I  O  L  O  G  I  J  A  J  A  N  A  I  I  O
E  V  P  Y  D  O  A  W  A  E  A  I  D  J  J  G
N  E  U  R  O  L  O  G  I  J  A  L  M  A  A  I
F  A  J  I  G  O  L  A  R  E  N  I  M  U  T  J
F  M  U  O  Đ  E  Z  O  O  L  O  G  I  J  A  A
S  Đ  A  J  I  G  O  L  O  R  O  E  T  E  M  M
```

ANATOMIJA	GEOLOGIJA
ARHEOLOGIJA	LINGVISTIKA
ASTRONOMIJA	METEOROLOGIJA
BIOLOGIJA	MINERALOGIJA
BIOKEMIJA	NEUROLOGIJA
BOTANIKA	PSIHOLOGIJA
KINEZIOLOGIJA	KEMIJA
EKOLOGIJA	SOCIOLOGIJA
FIZIOLOGIJA	ZOOLOGIJA

33 - Meditação

```
P K S S M G L A Z B A R K G D J
R D P U A I P R I R O D A H P T
I K U O U G R M U P E O P Y Z N
H K T S O N Z A B U J L C O Z G
V Y E J I C O M E J N A Ž R D C
A M R E I T S O N L A V H A Z S
Ć S K Ć O D F I T T R S S P B U
A W O A D V R T S I T S N U Y Y
N D P N I S D U M Š A H L O H V
J W U J L K W K Y I M Z J B Ć Y
E D G E S A S W A N O J Y O R A
D C G S I D T T M A R V G Y L J
H I M W M A J N Ž A P B U D A N
P G J A V I T K E P S R E P H E
Đ D J W L S G V F M A D C F B Č
I V M S J R C Z U T E W I B O U
```

PRIHVAĆANJE   UM
BUDAN   POKRET
PAŽNJA   GLAZBA
LJUBAZNOST   PRIRODA
JASNOĆA   PROMATRANJE
SUOSJEĆANJE   MIR
EMOCIJE   MISLI
UČENJA   PERSPEKTIVA
ZAHVALNOST   DRŽANJE
MENTALNO   TIŠINA

34 - Instrumentos Musicais

```
K  W  V  S  L  Đ  R  J  W  E  H  G  G  K  N  E
J  L  M  A  N  D  O  L  I  N  A  I  C  R  A  Đ
B  S  A  V  I  O  L  I  N  A  W  T  R  D  M  Đ
E  L  O  R  L  T  H  E  K  J  L  A  R  A  D  U
N  R  B  N  I  Đ  C  A  F  Y  N  R  G  T  O  J
D  M  O  B  K  N  D  V  A  C  K  A  B  U  R  T
Ž  T  O  H  Š  O  E  E  G  S  Đ  I  B  H  P  O
O  E  B  Y  A  B  F  T  O  M  H  P  I  U  K  G
Z  V  V  B  R  M  H  Z  T  I  L  L  Z  S  B  O
H  S  H  S  U  O  G  O  N  G  H  A  R  F  A  U
F  L  E  B  B  R  K  K  S  A  K  S  O  F  O  N
E  L  Z  J  M  T  M  A  R  I  M  B  A  T  I  L
T  E  A  V  A  K  I  N  O  M  R  A  H  E  T  N
M  Đ  K  U  T  K  L  A  V  I  R  O  D  L  Z  B
O  G  W  O  T  V  I  O  L  O  N  Č  E  L  O  F
D  C  K  K  U  A  D  B  B  D  F  J  T  F  G  B
```

MANDOLINA	TAMBURAŠKI
BENDŽO	UDARALJKE
KLARINET	KLAVIR
FAGOT	SAKSOFON
FLAUTA	BUBANJ
HARMONIKA	TROMBON
GONG	TRUBA
HARFA	GITARA
MARIMBA	VIOLINA
OBOA	VIOLONČELO

35 - Adjetivos #2

```
O P R I R O D N O S K K K G G N
V D O D Y O Đ Đ C L A C E E R Đ
O O G L A M B O M A K G I H A L
N P D O N R M T S N A S O N O P
P I I C V H O E L E G A N T A N
J S V V A O A V N O R M A L A N
Z N L A R D R K I Z P Đ V O U E
I I J C D F O A U T V F H F Y A
E R I O Z R A J N L U R L D Y F
K R E A T I V N I K N Đ U C M C
A U T E N T I Č N O B Y V Ć R S
Đ A S P R O D U K T I V N I E U
B R I Z A N I M L J I V P G C H
E F Č P O Z N A T I K T J I E O
S U O F U I G G U U T G U P J H
O Z H G G P F Y D Y Đ K Y W L L
```

AUTENTIČNO	NOVO
KREATIVNI	PONOSAN
OPISNI	PRODUKTIVNI
DAROVIT	ČIST
ELEGANTAN	VRUĆE
POZNATI	ODGOVORAN
JAK	SLAN
ZANIMLJIV	ZDRAV
PRIRODNO	SUHO
NORMALAN	DIVLJI

36 - Roupas

```
Š  S  P  M  P  R  F  B  G  K  H  O  T  N  M  M
E  A  H  Z  O  U  B  L  Z  I  R  C  R  A  C  F
Š  N  E  D  J  K  G  I  A  Y  E  P  A  R  A  Č
I  D  A  R  A  A  L  E  P  I  C  Z  P  U  N  H
R  A  Đ  S  V  K  H  Č  Y  B  K  E  K  K  A
G  L  I  I  F  I  Y  J  B  A  F  F  R  V  A  C
Đ  E  L  V  V  C  D  F  C  D  L  U  I  I  J  F
F  T  L  B  G  E  K  Ž  P  O  E  H  C  C  E  U
B  L  U  Z  A  W  F  F  E  M  L  V  E  A  H  T
P  N  F  P  B  H  S  P  F  M  V  G  M  J  A  S
I  B  V  G  A  P  U  R  V  N  P  K  S  L  L  C
E  E  A  K  U  K  K  E  V  E  D  E  G  U  J  Y
Y  O  F  E  H  Y  N  G  Y  S  W  A  R  Š  I  B
Y  V  M  W  C  M  J  A  C  I  L  R  G  O  N  C
P  Z  E  D  S  M  A  Č  L  Đ  N  D  U  K  A  G
P  I  Ž  A  M  A  A  N  E  A  M  S  C  H  D
```

PREGAČA	RUKAVICE
BLUZA	ČARAPE
HLAČE	MODA
KOŠULJA	PIDŽAMA
KAPUT	NARUKVICA
ŠEŠIR	SUKNJA
POJAS	SANDALE
OGRLICA	CIPELA
JAKNA	DŽEMPER
TRAPERICE	HALJINA

37 - Herbalismo

```
O R Y K I E L A T N L G D M Z D
Đ M V P K V A K J L I B S M E R
H K H E S T V Y M Č Š K E N L A
K A J O T S A S B G E A P G Z G
K O O I A U N S N I B Š F G O U
O R M B M K D R L Z O D N R Z L
R R C O O O A L B J S P V J A J
I B R A R N E L E Z I U I T A N
J P T U A A T E T I L A V K M K
A T E Z J J Č I R A J A I P A V
N U P W F I R L V R A Z P U Ž F
D W T Đ O M B F Z O K R E Y U B
E Đ S Z N I R A M Ž U R R S R K
R A N G P T E J I V C C Š R A I
K O R I S N O S G U L F I G N V
Z M L R H A G E Đ R S U N F P D
```

ŠAFRAN	VRT
RUŽMARIN	LAVANDA
ČEŠNJAK	BOSILJAK
AROMATSKI	MAŽURAN
KORISNO	BILJKA
KORIJANDER	KVALITETA
DRAGULJ	OKUS
CVIJET	PERŠIN
KOMORAČ	TIMIJAN
SASTOJAK	ZELEN

38 - Arqueologia

```
S  T  I  T  N  E  M  G  A  R  F  V  L  H  T  P
A  J  I  R  E  T  S  I  M  B  W  Z  G  A  U  O
S  S  O  K  P  A  A  M  T  Y  M  L  A  J  W  T
R  D  T  R  O  S  E  F  O  R  P  I  V  I  G  O
O  L  K  Đ  Z  Ł  E  L  B  N  H  I  F  C  N  M
N  Y  D  V  N  I  S  T  R  A  Ž  I  V  A  Č  A
R  C  U  S  A  J  P  R  G  W  O  V  S  Z  E  K
U  Đ  F  Y  T  M  S  J  A  Z  P  R  T  I  V  F
H  R  A  M  Z  J  E  U  E  C  D  E  R  L  A  M
Z  A  B  O  R  A  V  I  O  H  A  L  U  I  L  W
U  E  O  G  K  F  O  R  M  U  N  I  Č  V  U  N
G  S  D  D  O  O  O  R  U  S  A  K  N  I  A  I
F  O  S  I  L  D  S  I  M  W  L  V  J  C  C  Z
W  Đ  U  F  T  S  I  T  U  F  I  I  A  C  I  L
O  B  J  E  K  T  I  N  I  Y  Z  J  K  L  J  R
G  R  O  B  N  Y  R  Y  E  F  A  A  W  A  F
```

ANALIZA	FOSIL
GODINE	FRAGMENTI
EVALUACIJA	ISTRAŽIVAČ
CIVILIZACIJA	MISTERIJA
POTOMAK	OBJEKTI
NEPOZNAT	KOSTI
TIM	PROFESOR
DOBA	RELIKVIJA
STRUČNJAK	HRAM
ZABORAVIO	GROB

39 - Esporte

```
S  Z  M  Š  A  T  R  O  P  S  Z  R  M  B  I  Z
P  D  E  A  P  L  E  S  B  N  D  L  E  D  Z  K
O  U  F  P  Z  C  I  L  J  A  R  T  T  Đ  D  J
S  J  O  G  G  I  N  G  I  G  A  R  A  W  R  Z
O  W  L  O  K  T  L  J  F  A  V  E  B  B  Ž  U
B  B  E  G  F  A  P  K  Z  I  L  N  O  Đ  L  T
N  U  J  D  G  R  T  R  I  F  J  E  L  I  J  C
O  P  I  C  F  I  M  O  O  C  E  R  I  S  I  O
S  V  T  O  A  Z  H  N  Y  G  I  B  Č  T  V  B
T  J  C  O  S  I  K  F  A  Y  R  B  K  E  O  T
Đ  C  C  E  V  M  F  O  Đ  Z  S  A  I  Z  S  M
R  I  Ć  I  Š  I  M  K  S  P  T  L  M  A  T  Z
A  N  A  R  H  S  I  V  J  T  M  E  B  N  U  J
U  G  M  D  W  K  P  S  P  F  I  Đ  S  J  Y  C
J  Z  K  E  P  A  D  I  J  E  T  A  O  E  B  C
B  J  V  M  S  M  S  P  O  R  T  S  K  I  B  I
```

ISTEZANJE	MAKSIMIZIRATI
SPORTAŠ	METABOLIČKI
SPOSOBNOST	MIŠIĆI
BICIKLIZAM	ISHRANA
TIJELO	CILJ
PLES	KOSTI
DIJETA	PROGRAM
SPORTSKI	IZDRŽLJIVOST
SNAGA	ZDRAVLJE
JOGGING	TRENER

40 - Agronomia

```
B O C Y W R Z G Đ A Z M J S W P
O H J Z D L N O T Z T C K U P O
Đ D G N O J I V O L T P J S Z L
S O R R B I L J E L J C C T O J
S L Y Ž A J I Z O R E E K A L O
E L O R I S M Đ G R M J I V I P
O V O D A V T S O N A N Z I P R
S Y E O R G A N S K I E J E U I
K T P O V R Ć E C A C Đ N J E V
O E K O L O G I J A S A R T K R
C J W L E K G I A J I G R E N E
B O L E S T I D B E F A E V E D
P R O I Z V O D N J A Z Z J M A
K S O K O L I Š L Đ S T A P E T
V Z W N P T W Y O A I J Z D J K
Z H H W Y K G F O P V V Z B S H
```

POLJOPRIVREDA
OKOLIŠ
VODA
ZNANOST
RAST
BOLESTI
EKOLOGIJA
ENERGIJA
EROZIJA
GNOJIVO

POVRĆE
ORGANSKI
BILJE
ZAGAĐENJE
PROIZVODNJA
SEOSKO
SJEMENKE
SUSTAVI
TLO
ODRŽIV

41 - Frutas

```
K F N Z E B I K I Z R R J A A Y
K I M K C H L C U R R M S V Z J
D N V B E W Y V Z A W G R O B H
E Z U I N U M I L H K N V K T O
A K Đ O Đ U A K Š U R K M A I N
P G E E C A N Đ E K A U M D M I
O N R A A J G S D G U B O O B S
S A N A N A O B W E R P K Z S W
G R C D U P M A L I N A I P A W
R A M I Y A A V K O K O S N Đ C
O N M A B P K A J N Š E R T A R
Ž Č H U I O U U M A R E L I C A
Đ A N A N A B G S M O K V A U D
E Đ N G T Z A V K S E R B L Y C
M W L M E R J S E P D M C P K F
S U Z V N T J U U F Z I E D C Đ
```

AVOKADO
ANANAS
KUPINA
BOBICA
BANANA
TREŠNJA
KOKOS
MARELICA
SMOKVA
MALINA

GUAVA
KIVI
NARANČA
LIMUN
JABUKA
PAPAJA
MANGO
KRUŠKA
BRESKVA
GROŽĐE

42 - Corpo Humano

```
B R A D A J G D K L F J Z G A T
D F S R R F U C B D R O J D N W
Y V Đ A U P Y D U U B G E U L G
V I B L E N Đ K B A K Z B A M V
P P Z E L Z A O S S Z G G D I G
U I N M U K U L K M K T G J Z L
S S M O L E Č J Y Z O G J G R E
T S R P G G V E N U Ž S L A Đ Ž
A V A L G A V N H O A C A C V A
L O P Đ U H O O F Y J A K U R N
Č E L J U S T K O S C S A Z A J
S M C V Z O P A O A L D T O T A
V A A R Y W L Z J K Đ C E C U L
I R A K S Y T O K G A P I U C E
J B Z E V O L M L C P N R W T E
P P R P R W Z L O R Đ N O S B A
```

USTA	OKO
GLAVA	RAME
MOZAK	UHO
SRCE	KOŽA
LAKAT	NOGA
PRST	VRAT
KOLJENO	BRADA
ČELJUST	KRV
RUKA	ČELO
NOS	GLEŽANJ

43 - Restaurante #1

```
U P B M C Z J U P T K M U G G O
B R I L E A M M H Đ E Ž O R W N
R E T L A S S A J E L O V N I K
U Z S G E G O K Z R J N T K C B
S E E P K T A A V T Y J A O J F
U R J Đ O U I J R O A N N N O M
G V Đ F U R H N N H H Z J O T W
L A J I G R E L A I V D U B S F
O C Y K Đ L K R U H K J R A A D
O I K U H I N J A U R E E R S K
O J L D A N Y N E A D L V I T A
S A I E U T R E S E D A Z C Y V
O V P V P U O A B Đ N C H A L A
U J Đ T G K I I P H G M W Đ A G
Y C B I H A F Y L K M Đ S G E T
Y D V T P D P K Đ G G L R L K N
```

ALERGIJA
KAVA
BLAGAJNIK
MESO
JESTI
KUHINJA
NOŽ
PILETINA
KONOBARICA
UBRUS

SASTOJCI
JELOVNIK
UMAK
KRUH
AKUTNI
TANJUR
REZERVACIJA
DESERT
ZDJELA

44 - Caminhada

```
Y I N E J N A R I P M A K D Ž G
H V W D W P L E O V S S A I I W
E O O D G F Y K C O O L R V V Y
Y K M S U N C E U V R A T L O G
O R I J E N T A C I J A A J T P
S A N U J V J M C N P D N I I B
V P Y J N S J E D I F O I B N K
G O E M E J I R V T T R N A J S
U A D W M M M P L S M I A D E Y
K M H A A S H I V O Č R L F Đ G
O J O E K I J R L N I P P E C U
W I M R O H Z P B S Z R Z A L R
W Đ N H N H O S Z A M I L K F D
I U Z K S I L I C P E H R Š J E
V O D I Č I L G N O M F O E K Z
P R T J F P O D M V O U V T I H
```

KAMPIRANJE	ORIJENTACIJA
ŽIVOTINJE	PARKOVI
VODA	KAMENJE
ČIZME	LITICA
UMORNI	OPASNOSTI
KLIMA	TEŠKA
VODIČI	PRIPREMA
KARTA	DIVLJI
PLANINA	SUNCE
PRIRODA	VRIJEME

45 - Biologia

```
K R O M O S O M I E B T D A S S
T B J E L A N Č E V I N A N I I
M S I M B I O Z A Y S N P A S N
I Đ N I V F J S J P Z V R T A A
Z F O T O S I N T E Z A I O V P
N E U R O N E G K N C Y R M A S
E M Y I Đ Đ V M D T W O I C A
O M J U W M Z B O A M A D J K O
S E B I U R I A M L Z J N A E B
M V N R N O M K B Y U I O L J I
O W G B I H Z T F Y K C A V I Ž
Z R B H S J F E P Z F A I W R I
A J I L E Ć A R N K O T K J E E
U H W F B T I I M Y D U Y T A U
S L B K P G B J V C U M J B R I
C P R C Đ A N E G A L O K I K Y
```

ANATOMIJA
BAKTERIJE
ĆELIJA
KOLAGENA
KROMOSOM
EMBRIJA
ENZIM
EVOLUCIJA
FOTOSINTEZA
HORMON

SISAVAC
MUTACIJA
PRIRODNO
ŽIVAC
NEURON
OSMOZA
BJELANČEVINA
GMAZ
SIMBIOZA
SINAPSA

46 - Beleza

```
S T I L I S T C D K I F U K E M
Đ I C K U E O J A O C O W V G I
E V U K H Đ L Š Z Ž U R M Š G T
Š K A R E A A E M A K F E A Z Y
K K B L P U D M G I G Z D R N F
B O D H R P E A P A N C J M M M
E P Z E G U L S U G N K Y V Z I
Y O K M C A G K T Y S T A C M R
V R L O E P O A C J T C A I I I
M T B N Z T G R V N I O G N L S
K O V R Č E I A B O J A J B O R
U L J A G U P K Š A M P O N S F
H N L L P W O W A U G T E A T O
E L E G A N C I J A U C C D J K
P R O I Z V O D I S N H C A N
F O T O G E N I Č A N Z Đ V D L
```

RUŽ	MIRIS
KOVRČE	MILOST
ŠARM	ŠMINKA
BOJA	ULJA
KOZMETIKA	KOŽA
ELEGANTAN	PROIZVODI
ELEGANCIJA	MASKARA
OGLEDALO	USLUGE
STILIST	ŠKARE
FOTOGENIČAN	ŠAMPON

47 - Filantropia

```
Č  O  V  J  E  Č  A  N  S  T  V  O  P  H  M  F
P  R  L  C  S  D  G  L  O  B  A  L  N  O  I  O
P  R  A  E  Đ  J  F  F  K  B  M  V  O  W  S  N
O  I  O  Y  K  E  A  T  S  O  N  V  A  J  I  D
V  S  N  G  D  C  G  Y  L  F  N  E  F  I  J  O
I  K  D  O  R  A  N  D  J  K  B  T  A  V  A  V
J  R  U  H  L  A  B  E  R  T  O  P  A  J  T  I
E  E  C  S  W  C  M  J  I  A  Z  V  M  K  J  F
S  N  R  B  I  I  O  I  V  E  J  L  I  C  T  D
T  O  Y  U  H  N  H  C  I  Z  A  Z  O  V  I  I
Đ  S  P  L  C  D  C  N  R  D  V  E  I  R  J  M
B  T  W  V  Đ  E  Z  A  M  L  A  D  O  S  T  J
G  R  U  P  E  J  W  N  H  B  I  O  J  N  Đ  Đ
O  P  N  A  Y  A  Z  I  L  Z  O  J  T  Z  M  L
D  N  K  O  T  Z  A  F  V  K  Z  O  S  Đ  Y  M
V  E  L  I  K  O  D  U  Š  N  O  S  T  N  M  R
```

ZAJEDNICA
KONTAKTI
DJECA
IZAZOVI
FINANCIJE
FONDOVI
VELIKODUŠNOST
GLOBALNO
GRUPE
POVIJEST

ISKRENOST
ČOVJEČANSTVO
MLADOST
MISIJA
POTREBA
CILJEVI
NAROD
PROGRAMI
JAVNOST

48 - Ecologia

```
U  Z  C  G  I  I  F  E  I  M  C  V  B  S  V  U
F  T  I  I  A  M  A  N  R  N  Z  E  Y  U  F  G
T  Y  E  S  R  M  U  I  E  T  W  G  O  Š  W  I
D  K  P  R  G  B  N  N  T  B  U  E  S  A  T  G
P  A  C  U  G  T  A  A  N  J  R  T  A  M  V  F
C  R  T  S  O  K  I  L  O  N  Z  A  R  I  R  B
T  O  I  E  U  E  Z  P  L  F  M  C  A  L  S  Z
F  L  U  R  M  N  K  U  O  A  P  I  V  K  T  A
L  F  L  A  O  I  A  G  V  M  F  J  Č  B  A  J
J  H  R  J  V  D  N  C  T  B  O  A  O  Z  J  E
Đ  E  T  Š  I  N  A  T  S  A  I  R  M  A  D  D
O  R  V  I  Ž  D  T  Đ  M  A  Đ  L  S  U  N  N
L  E  K  N  R  S  S  A  K  M  U  Y  J  K  S  I
K  S  P  K  D  C  P  L  G  N  Đ  S  N  E  I  C
I  U  Y  R  O  J  O  P  R  I  R  O  D  N  O  E
P  N  S  F  D  F  L  G  L  O  B  A  L  N  O  H
```

KLIMA	PRIRODNO
ZAJEDNICE	PRIRODA
RAZNOLIKOST	MOČVARA
VRSTA	BILJE
FAUNA	RESURSI
FLORA	SUŠA
GLOBALNO	OPSTANAK
STANIŠTE	ODRŽIV
POMORSKI	VEGETACIJA
PLANINE	VOLONTERI

49 - Família

```
C C A J H K N D J U K F H M U T
F C V D M P C N M P D K M A Z E
N C R M C T O J J I B K A J U T
E R F H P E V L A I M V B Č G K
Ć Y S W G W H G E D A O R I U A
A C E J D D U F E I J V A N H G
K A Đ O R A I J N G K T T S L U
I T S N F D K J O G A S B K E R
N O F I H K A Ć E N D J N I Đ P
J V T C I A R P I T N N I I R U
A C Y E Z D T D Y M E I L E Č S
K U N U Z E S M P L C T P O G O
A F Y P M R E Đ M H T E C B P W
B Đ K Y E P S I J O N J Đ G D N
W N R J S M S M U Ž F D G E F N
Z K W G D G U R W G L D M Đ R R
```

PREDAK
BAKA
DIJETE
DJECA
SUPRUGA
KĆI
DJETINJSTVO
SESTRA
BRAT
MUŽ

MAJČINSKI
MAJKA
UNUK
OTAC
OČINSKI
ROĐAK
NEĆAKINJA
NEĆAK
TETKA
UJAK

50 - Férias #2

```
R  Đ  E  P  P  Đ  L  J  K  D  Š  T  G  L  U  R
O  E  I  O  M  U  E  N  I  N  A  L  P  M  M  E
M  Y  S  E  M  K  T  U  L  K  T  L  E  A  P  Z
D  P  N  T  A  Z  O  O  Đ  A  O  H  T  E  Z  E
O  K  R  L  O  D  H  I  V  D  R  R  O  D  B  R
K  I  P  I  Z  R  K  C  C  A  T  R  A  K  P  V
B  L  L  S  J  S  A  R  H  Z  N  E  R  O  M  A
P  R  A  F  R  E  T  N  C  I  F  J  U  T  S  C
I  C  Ž  G  S  R  V  H  V  V  R  N  E  O  M  I
M  P  A  C  I  N  V  O  T  U  P  A  K  J  C  J
S  T  R  A  N  A  C  D  Z  I  I  R  Đ  B  J  E
O  D  R  E  D  I  Š  T  E  N  H  I  S  K  A  T
Z  R  A  Č  N  A  L  U  K  A  V  P  S  O  V  O
F  O  T  O  G  R  A  F  I  J  E  M  J  N  M  P
Y  U  Z  A  Đ  J  B  R  B  M  V  A  W  Y  K  Z
W  B  K  O  W  Y  I  S  T  M  F  K  S  K  O  B
```

KAMPIRANJE	PLANINE
ZRAČNA LUKA	PUTOVNICA
ODREDIŠTE	PLAŽA
STRANAC	REZERVACIJE
ODMOR	RESTORAN
FOTOGRAFIJE	TAKSI
HOTEL	ŠATOR
OTOK	PRIJEVOZ
KARTA	PUTOVANJE
MORE	VIZA

51 - Edifícios

```
B O L N I C A S J U E Đ O Š Đ K
U N S N H C F E T Y T I C K D S
R G N O S N G B J A D V H O P V
K A B I N A K I N O N B P L A E
T Z U D O F H R W I O W V A B U
F E V A U O S O F R D T N E S Č
S F C T J R G T F A R M A R Đ I
O J A S D P O A A M C I C J E L
Y P R K K C W Š Ž J J R L F T I
T V O R N I C A A Z A W C N E Š
H Z V J E Z D A R N I C A Y Y T
P O D B T E K R A M R E P U S E
B C T A Đ T K T G W R P B L V L
N T N E T Š I L A Z A K N C E W
V H V V L F F E T O R A N J A H
L A B O R A T O R I J M U Z E J
```

STAN	BOLNICA
KABINA	HOTEL
DVORAC	LABORATORIJ
STAJA	MUZEJ
KINO	ZVJEZDARNICA
ŠKOLA	SUPERMARKET
STADION	KAZALIŠTE
FARMA	ŠATOR
TVORNICA	TORANJ
GARAŽA	SVEUČILIŠTE

52 - Xadrez

```
T  P  K  K  U  N  I  P  T  I  W  F  H  A  O  P
B  O  R  V  K  Č  W  E  R  G  T  M  S  V  G  A
O  Z  A  N  L  E  I  C  I  R  I  Y  I  S  Y  S
D  C  L  L  C  Đ  F  T  R  A  A  N  L  R  L  I
S  I  J  L  Z  V  T  I  I  Č  G  B  F  M  H  V
T  L  J  V  J  W  R  V  N  B  V  J  C  I  D  N
R  E  C  A  L  I  V  A  R  P  R  O  P  T  W  O
A  J  N  C  G  N  M  G  U  E  I  R  M  A  K  G
T  I  N  I  D  O  V  J  T  P  J  P  Z  V  B  L
E  B  O  J  I  H  N  E  U  R  E  K  Č  O  T  G
G  J  Z  L  I  G  L  A  M  Đ  M  A  B  V  M  V
I  U  Y  A  Đ  U  R  Y  L  K  E  V  S  T  A  Z
J  L  N  R  O  O  F  A  I  A  N  R  C  R  K  I
A  I  S  K  I  N  V  I  T  O  R  P  Y  Ž  L  J
N  A  T  J  E  C  A  N  J  E  R  U  Z  I  U  O
U  Z  F  F  M  I  Z  A  Z  O  V  I  Y  F  R  E
```

UČITI	PASIVNO
BIJELI	TOČKE
PRVAK	CRNA
NATJECANJE	KRALJICA
IZAZOVI	PRAVILA
DIJAGONALA	KRALJ
STRATEGIJA	ŽRTVOVATI
IGRAČ	VRIJEME
IGRA	TURNIR
PROTIVNIK	

53 - Aventura

```
Z O L P A K Đ E J F A L D W I N
C M U R S K G T O E K Đ N W V A
O M L I K K S W Đ C T E L Z I V
B A E L I E V Z A V I A Z Z Đ I
S Z V I P J S E A M V C I C O G
M A M K K Đ L G W R N D O Z K A
T J S A S O H E A D O R I R P C
S I G U R N O S T S S I S L T I
O Z W O Z Č I P O A T I M D E J
R U Y Đ S I T R P B J K Y K Š A
B T Z A S B I I E I V I T H K P
A N O O V O N P J G T J R I O O
R E C K E E E R L N C A O P Ć N
H G E V Y N R E R A D O S T A R
O P A S N O A M Đ I Z A Z O V I
Z G C G S D R A S S A D T A E V
```

RADOST
PRIJATELJI
AKTIVNOST
LJEPOTA
HRABROST
PRILIKA
IZAZOVI
TEŠKOĆA
ENTUZIJAZAM

IZLET
NEOBIČNO
ITINERAR
PRIRODA
NAVIGACIJA
NOVO
OPASNO
PRIPREMA
SIGURNOST

54 - Floresta Tropical

```
B T B O Z O L E J N A V U Č O P
Y S W M K O I W A A U Y S T L O
K K A N A T S P O M T T I U C Š
T A U A Đ E T Š I Č O T U H L T
S M P K C Đ J H F C H W S L M O
O I U Y C B A W M E T L I S J V
K L S B K I C M E Z O D O V E A
I K U A L G N U Ž D N R T W R N
L L T O V J A N I V O H A M M J
O Y N B P C F T S I A A E O O E
N P L L T C I B A V O N B O E S
Z F O A D O R I R P R Đ S H W K
A S E C I T P U A Đ A S O S G L
R H L I K Č I N A T O B T D R O
Z A J E D N I C A A S J A A H N
V R I J E D A N P C Y K Đ T U U
```

VODOZEMCI	PRIRODA
BOTANIČKI	OBLACI
KLIMA	PTICE
ZAJEDNICA	OČUVANJE
RAZNOLIKOST	UTOČIŠTE
VRSTA	POŠTOVANJE
AUTOHTONO	OBNOVA
KUKCI	DŽUNGLA
SISAVCI	OPSTANAK
MAHOVINA	VRIJEDAN

55 - Cidade

```
Z A V J A L O K Š U G W G O K M
E F Đ N J E Z U M P J M G L S A
S T A D I O N A R O T S E R A D
F E Š E R O M G M W T J W I L J
D K I I E O L P Y Z R E P N O K
K R U K L E T O H D V N C P N P
J A Z Z A C I N Ž I J N K Y K
Đ M A R G B Z Đ T V K S A I M I
K R W Đ A K U A E T Š I Ž R T N
N E W H N Č K M K Đ O K G A R O
J P D R R E N S W T L K T Ć B D
I U F F A N O A K J O Đ B E N P
Ž S P E K A R A L T O Z I J Č A
A Đ S K E S A B F U Z M J V P T
R R U N J V W K U O K V M C B D
A Z L R L M H N M Đ S A K N A B
```

ZRAČNA LUKA	ZOOLOŠKI VRT
BANKA	KNJIŽARA
KNJIŽNICA	TRŽIŠTE
KINO	MUZEJ
ŠKOLA	PEKARA
STADION	RESTORAN
LJEKARNA	SALON
CVJEĆAR	SUPERMARKET
GALERIJA	KAZALIŠTE
HOTEL	

56 - Música

```
M S U B W K P U L W Z P D M M O
E L K O B D E J D R B W P J L P
L V B L K E S S E D O R J U I E
O A P M A T I R H S R K M Z R R
D L T F N D T H B M N F C I S A
I B W M S T A D E H J I E K K D
J U F T L N R M V B I T Č L I A
A M G Z A E I N Č I S A L K D L
T E M P O M Z M Č Z T V M I I A
I E A C S U I O A V H E I N N B
J F T K N R V B V N N J K E L N
P A J C V T O Z E P J P R B A U
J C U W K S R E J U Đ E O Z K L
L F J S H N P N P L O D F A O O
P J O Y A I M Đ R M A V O L V Đ
W R T O P R I E N U Y W N G N E
```

ALBUM	LIRSKI
BALADA	MELODIJA
PJEVATI	MIKROFON
PJEVAČ	MJUZIKL
KLASIČNI	GLAZBENIK
ZBOR	OPERA
SNIMANJE	PJESNIČKI
SKLAD	RITAM
IMPROVIZIRATI	TEMPO
INSTRUMENT	VOKALNI

57 - Matemática

```
N P R J R M R Z A W O H K F B O
K P M W E Đ H G E H I P Y E A K
U A J I R T E M O E G E S P O O
F H K I N T U K O V A R P P J M
P A R A L E L N O B B I Đ M S I
G L A J I R T E M I S M Y O R C
I A R F Z P U E G J U E C K A A
E M I A E Z K R K U W T G O D M
W I T Z N N O R R S L A V S I Y
K C M V A K R M R E P R G U J D
U E E Đ U J T B B E F O I M U Z
T D T N F R A K C I J A N A S H
O Đ I P O L I G O N Z M T E U Y
V Z K A O K B N E M U L O V N Đ
I J A B Ž D A N D E J S W R K T
P A R A L E L O G R A M O U P F
```

ARITMETIKA
KUTOVI
OPSEG
DECIMALA
PROMJER
JEDNADŽBA
EKSPONENT
FRAKCIJA
GEOMETRIJA
PARALELNO

PARALELOGRAM
PERIMETAR
OKOMICA
POLIGON
RADIJUS
PRAVOKUTNIK
SIMETRIJA
SUMA
TROKUT
VOLUMEN

58 - Saúde e Bem Estar #1

```
E O F N T V P L U D F N L E H G
V V K A E I S I N M H A B T P H
R V J H R R R M J F N V V W Z O
Đ I W C A U K L V G M I B E Y R
Đ S O M P S W G N U W K F Z L M
C I E J I R E T K A B A W T Y O
N N M T J U G R I K O S T I O N
L A J E A V E J N A T Š U P O I
K I R J G T J R Č D I N N V L C
Ž R J N B L N L E T R C A E R O
I O Y E M L A T J F W Y V L W O
V N Z Č K O Ž D I Đ L B I D H V
C C N E I M R I L U E E T B A Y
I E B J R I D Đ O S V V K A J H
Y J I I L J E K A R N A A S K N
W Y H L Y C K O Ž A K I N I L K
```

VISINA

AKTIVAN

BAKTERIJE

KLINIKA

LIJEČNIK

LJEKARNA

GLAD

LOM

NAVIKA

HORMONI

LIJEK

ŽIVCI

KOSTI

KOŽA

DRŽANJE

REFLEKS

OPUŠTANJE

TERAPIJA

LIJEČENJE

VIRUS

59 - Imigração

```
C  Đ  V  L  M  T  B  W  I  Đ  L  Đ  P  E  D  R
A  G  Y  K  I  N  S  A  Č  J  Y  I  R  V  O  J
Z  V  E  R  L  J  E  E  C  O  Y  W  E  G  K  E
Z  O  S  Z  S  Y  R  C  O  E  A  F  G  P  U  Š
A  J  I  C  A  U  T  I  S  J  J  C  O  O  M  E
K  T  Z  J  R  L  S  N  H  N  I  D  V  M  E  N
O  Y  I  R  D  Đ  Y  A  P  E  C  S  A  O  N  J
N  M  A  T  O  C  A  R  R  R  A  T  R  Ć  T  E
M  E  F  N  Š  K  H  G  O  B  K  T  A  D  I  P
Z  T  K  I  L  A  M  C  C  O  I  L  N  C  W  N
U  P  R  A  V  A  Z  M  E  D  N  U  J  N  Y  P
M  V  H  V  N  K  R  R  S  O  U  Y  E  H  O  U
L  E  V  I  A  J  A  P  B  F  M  R  L  I  F  E
T  G  D  M  T  E  M  Đ  G  O  O  E  V  D  D  D
I  Z  K  K  E  T  Š  I  Ć  U  K  I  Z  E  J  A
F  I  N  A  N  C  I  R  A  N  J  E  M  Z  K  S
```

UPRAVA	KUĆIŠTE
ODRASLI	ZAKON
POMOĆ	JEZIK
ODOBRENJE	PREGOVARANJE
KOMUNIKACIJA	ČASNIK
DJECA	ROK
DOKUMENTI	PROCES
STRES	ZAŠTITA
FINANCIRANJE	SITUACIJA
GRANICE	RJEŠENJE

60 - Natureza

```
P T N P Y S T O P U S T I N J A
L E D E N J A K C L O B L A C I
E Ć F L A D K S K L O N I Š T E
L Š F E Đ E L M I P A Ž D M N
W I Đ Č I N J S I W B J I I D G
N L T P B O I H R E E O V N Z T
Đ P P V D D R U N K P K O A L Y
T Z W Đ E T R C O R N O T M A T
A R D I V L J I S Z J P I I D G
E O O C I T W H F V Z S N Č A A
V L S P T V Š W P B E Đ J A D R
M G V P S G K U B T H T E N M K
G Z Y A S K U E M R C H I I V T
Z K O S I T I H I A D N B Š Y I
E R O Z I J A L G A M S Đ K T K
E B K R F L J E P O T A Đ P R E
```

PČELE
SKLONIŠTE
ŽIVOTINJE
ARKTIK
LJEPOTA
PUSTINJA
DINAMIČAN
EROZIJA
ŠUMA
LIŠĆE

LEDENJAK
MAGLA
OBLACI
MIRNO
RIJEKA
SVETIŠTE
DIVLJI
SPOKOJAN
TROPSKI
BITAN

61 - A Empresa

```
T K R E A T I V N I G B M I J P
F R R I G L S J Z B B L J W T P
K I E J N A G A L U G V Z I D R
B E J N A V A J L Š O P A Z N E
E P G B D K V A L I T E T A A Z
A Đ E A D O H I R P B O I O P E
E R Y T R M V O E R S I J L R N
K Z T J W I R I S R U S E R E T
P O S L O V A N J E S Z I R D A
W U O A A J I R T S U D N I A C
A S N A V I T A V O N I B Z K I
N Ć A O D L U K A M S F I L J
D V U J E D I N I C E E U C P A
C V G I N N I W W V K K P I H H
E M O E P R O I Z V O D E L G U
N T M G L O B A L N O R A F O Đ
```

PREZENTACIJA
KREATIVNI
ODLUKA
ZAPOŠLJAVANJE
GLOBALNO
INDUSTRIJA
INOVATIVAN
ULAGANJE
POSLOVANJE
MOGUĆNOST

PROIZVOD
NAPREDAK
KVALITETA
PRIHOD
RESURSI
UGLED
RIZICI
TRENDOVI
JEDINICE

62 - Doença

```
P A T O G E N A T M U U I W H I
W Z N A Č I N O R K M T T H K M
Đ F A E J L V A R D Z S L E N U
K C Z D U T E R A P I J A U K N
R V A D Z R C P U V Y Y Z Y I I
N Y R K Z P O S C I I T S O K T
A J A F W Z P P Z K K W I D D E
T L Z V O D Y F A S S F U I N T
U C E Y M W H K P T J I Z I L R
K P E R F L H S L E I P J R S A
A W A N G T E H U N R J Z T Y R
O S L L V I R C Ć E E T A Z T F
S R C E A N J Y N G T D I Š N I
S I N D R O M E I U K B N V E F
N A S L J E D N O H A D M O M C
T I J E L O N W U N B A L S J A
```

AKUTAN
ALERGIJE
BAKTERIJSKI
ZARAZAN
SRCE
TIJELO
KRONIČAN
SLAB
GENETSKI
NASLJEDNO

IMUNITET
UPALA
NEUROPATIJA
KOSTI
PATOGENA
PLUĆNI
DIŠNI
ZDRAVLJE
SINDROM
TERAPIJA

63 - Aquecimento Global

```
V R Y D O T Z R S P T N K P C Đ
M L A R K T I K T J O U B U Z E
E I A M I L K H A R E D B K F F
Đ N Z D Đ B L Y N I L P A P E Đ
U D I Z A N D K O Y J T D C C H
N U R M J L C V V P D Z S P I G
A S K O N S Đ S N Z W R G L D P
R T H Đ Ž A E J I C A R E N E G
O R E O A D D E Š T J D U Z J L
D I M D P A C A T T I W F C L S
N J K I N N P I V Y G J E Z S G
I A P Đ F H W H O M R A Z V O J
E K O L O Š K I V F E O Y W P L
H O L K I N E V T S N A N Z A O
B U D U Ć N O S T D E Y Z Z O M
Z A K O N O D A V S T V O D D S
```

SADA
EKOLOŠKI
PAŽNJA
ARKTIK
ZNANSTVENIK
KLIMA
POSLJEDICE
KRIZA
PODACI
RAZVOJ

ENERGIJA
BUDUĆNOST
PLIN
GENERACIJE
VLADA
INDUSTRIJA
MEĐUNARODNI
ZAKONODAVSTVO
STANOVNIŠTVO

64 - Aviões

```
G O R I V O F V A N I S I V Z T
E B D K T Z W O V V R I J E M E
K E B W M O A D A S O P Y F E L
F N L D I M K I N T U P J E V N
S I L A Z A K K T S E J I V O P
W T S Y R B O P U P J D Đ Z I M
O A V F E E A V R Y I A W R Z M
G H V B J M F L A A F L M A G Y
V U B U M L P S O G Y E O K R C
I P R Y S U V E O N D P G T A R
M A C B G D V A C M M G C W D G
G N S N Đ Đ M Y D N T N S H N L
S L I J E T A N J E Y A B R J F
Đ Y P O A M O T O R T G W I A P
T U R B U L E N C I J A M U D C
Y V H M E Y L Z A D U T D N U K
```

VISINA	SMJER
ZRAK	VODIK
SLIJETANJE	POVIJEST
ATMOSFERA	NAPUHATI
AVANTURA	MOTOR
BALON	PUTNIK
NEBO	PILOT
GORIVO	VRIJEME
IZGRADNJA	POSADA
SILAZAK	TURBULENCIJA

65 - Tipos de Cabelo

```
R  C  T  Y  T  J  U  A  N  S  E  D  R  K  P  K
T  A  L  A  N  E  T  E  L  P  Đ  E  M  S  L  O
E  O  V  U  N  V  N  B  H  L  T  B  Đ  E  A  V
M  E  K  A  N  A  V  I  S  B  M  E  G  K  V  R
Y  Đ  A  T  R  U  K  J  W  N  N  O  J  H  U  Č
D  J  T  I  A  D  C  E  M  K  C  R  H  W  Š  A
Đ  F  A  V  N  B  Z  L  E  G  C  B  G  U  A  V
B  Đ  R  O  H  E  C  I  N  E  T  E  L  P  S  A
U  T  K  L  L  Đ  J  R  I  M  S  R  L  D  T  C
U  I  F  A  L  M  I  P  J  E  J  S  O  Y  G  H
I  D  K  V  A  L  E  Ć  B  M  A  A  I  P  M  R
D  U  K  O  V  R  Č  E  F  K  J  B  L  J  N  Z
O  G  S  U  C  R  P  U  K  E  A  J  V  R  S  B
I  O  Y  K  M  M  G  Y  L  E  N  Z  B  P  J  Y
E  H  L  W  C  R  N  A  O  U  Y  D  H  Y  F  D
Z  S  B  F  N  Đ  T  I  L  T  J  N  T  L  U  F
```

BIJELI	DUGO
SJAJAN	SMEĐ
KOVRČE	VALOVITA
ĆELAV	SREBRO
SIVA	CRNA
KRATAK	ZDRAV
KOVRČAVA	SUHO
TANAK	MEKAN
DEBEO	PLETENA
PLAVUŠA	PLETENICE

66 - Formas

```
K E F S Đ P P O F G A T M G B M
K O L H I K I N T U K O V A R P
V F C I C U I R O R M G S T A T
A K D K P L N C A K Y Z F R D R
D C G T A S U I M M Y G E C N O
R J L V P V A C Đ L I W R P I K
A J L U V I R K Z D B D A R L U
T T J N T R Y H M N H A A I I T
K K R P O L I G O N I E C Z C R
K O N U S A B E V A P M V M F T
D Z T J Z J F E N L E R D A R R
A P I E D P R A N A R T S B I Y
D A E L R N J N Đ V B U I R D Đ
P L Z S B C Y H J O O Y A V M F
F U O B B U R J N Đ L S O U N U
K U T G S L Z O I K A D T A S Y
```

LUK	STRANA
KUT	CRTA
CILINDAR	OVALAN
KRUG	PIRAMIDA
KONUS	POLIGON
KOCKA	PRIZMA
KRIVULJA	KVADRAT
ELIPSA	PRAVOKUTNIK
SFERA	TROKUT
HIPERBOLA	

67 - Criatividade

```
H  T  L  H  U  U  Y  J  B  D  Đ  I  I  J  P  A
H  J  U  O  T  E  T  I  Z  N  E  T  N  I  C  U
Z  T  Đ  D  Z  W  K  K  Đ  R  A  L  A  T  P  T
D  S  M  M  U  T  N  C  I  H  N  Č  A  C  E
A  O  C  A  P  K  K  U  I  V  I  Z  I  J  E  N
J  N  J  J  S  P  J  O  Đ  Z  T  A  T  I  J  T
I  D  W  A  Š  A  M  R  C  Š  R  A  C  I  I
C  I  Đ  K  M  F  S  O  F  K  E  Z  M  I  C  Č
A  U  K  I  W  B  N  O  S  B  J  I  A  U  O  N
R  L  H  L  U  F  O  S  S  J  V  L  R  T  M  O
I  F  L  S  D  J  Ć  Y  C  J  E  A  D  N  E  S
P  D  P  Đ  A  O  A  Z  W  O  E  Ć  Z  I  T  T
S  P  O  N  T  A  N  O  R  G  H  Ć  A  D  P  Y
N  V  I  T  A  L  N  O  S  T  R  I  A  J  H  H
I  K  Č  I  N  T  E  J  M  U  Đ  E  H  J  N  S
I  N  V  E  N  T  I  V  N  I  T  C  Đ  F  E  Z
```

UMJETNIČKI	MAŠTA
AUTENTIČNOST	DOJAM
JASNOĆA	INSPIRACIJA
DRAMATIČAN	INTENZITET
EMOCIJE	INTUICIJA
SPONTANO	INVENTIVNI
IZRAZ	OSJEĆAJ
FLUIDNOST	OSJEĆAJE
VJEŠTINA	VIZIJE
SLIKA	VITALNOST

68 - Dias e Meses

```
T B W V V N H C Č E T V R T A K
R Y L I S T O P A D V T T N B F
A O U S M C O I Đ Z R W Z F B R
V U V U U T O R A K O K A T E P
A W J B M M M F R U J A N M E D
N G I O L I P A N J D J F O Z W
J K P T S T U D E N I L T D F T
P J O A Č A J L E V C E S E J M
T R T L L H E N N J B J O R N N
A J O H O V U V E M Đ D T Y A P
L B E S Z V T F D F Y E Z V Č M
T E I D I J O P J Z E N C E E C
Y R V W A N G Z E Đ T O Y U J A
V L F Z C N A B L C Z P H E I E
U K T T E D F C J N A P R S S R
K A L E N D A R A N I D O G R H
```

TRAVANJ	MJESEC
KOLOVOZ	STUDENI
GODINA	LISTOPAD
KALENDAR	ČETVRTAK
PROSINAC	SUBOTA
NEDJELJA	PONEDJELJAK
VELJAČA	TJEDAN
SIJEČANJ	RUJAN
SRPANJ	PETAK
LIPANJ	UTORAK

69 - Saúde e Bem Estar #2

```
A J I C K E F N I P N J W O I T
L S U W T S U Y P R O W J K L I
E K E J N E Ž O L O P S A R S J
R U U L Y P K H E B L E H Đ Z E
G H I G I J E N A A Z D R A V L
I D Đ K E U Y O Đ V R K F J O O
J L M E I N I L O A V I P I P C
A Z C E R Đ E W Đ T E S P R O G
G D I J E T A R J C O F P O R T
M E Đ D K S I L G N J K C L A E
N A N J B S R I T I T E P A V Ž
Y V S E C V J I S H J T V K A I
R R N A T Z K O E Đ C A Đ O K N
J S B L Ž I S S L W C T D G W A
Y W J E F A K P O B O L N I C A
V I T A M I N A B B Đ U H Y I Z
```

ALERGIJA	BOLNICA
APETIT	RASPOLOŽENJE
KALORIJA	INFEKCIJA
TIJELO	MASAŽA
DIJETA	TEŽINA
PROBAVA	OPORAVAK
BOLEST	KRV
ENERGIJA	ZDRAV
GENETIKA	VITAMIN
HIGIJENA	

70 - Geografia

```
K N A F D P R U C A K A R T A U
P O O E T T I Y K K M O R E J K
U B N S I I J R F K G M E J I T
T W Y T T D E H A V Z I V I G C
C L B U I P K P H Z B T E V E Y
D Y R V T N A C S Y S V J S R E
Z E M L J A E W D J S P S R S W
Đ S M W Đ N D N P O D R U Č J E
Z G P E K I S O T Đ H Y O T O K
I S Y D R S J J F I Đ U H D P F
M D C M T I Y U Š I R I N A L G
R R L N D V D F G T Z J E P A R
O C E A N E O I D A O F W A N A
A T L A S B I S J F W L H Z I D
Y B T N M K Z A W A S C E O N U
J H E M I S F E R A N L Đ Đ A Y
```

VISINA	PLANINA
ATLAS	SVIJET
GRAD	SJEVER
KONTINENT	OCEAN
HEMISFERA	ZAPAD
OTOK	ZEMLJA
ŠIRINA	REGIJA
KARTA	RIJEKA
MORE	JUG
MERIDIJAN	PODRUČJE

71 - Antártica

```
K M G N S E B B M Š O F J U W G
O I U E F S Č A V I Ž A R T S I
N G G V O N R J G L N V V L L S
T R G T T G A I Đ O V E T E C J
I A P S O T R C H K M J R D S V
N C O N A O U A F O N L H A I A
E I L A J P T V F G L A Z J L T
N J U N O O A R F I O Z F I K I
T A O Z I G R E H C J D K C S V
J Y T M N R E Z S A H A N I G O
O M O R I A P N P J N L V D Y N
G T K M V F M O L N D A G E P E
P O O I G I E K L E Y V L P P J
P G E C N J T K K D H U V S E T
V O D A I A C S H E Z Đ A K N S
H A O P P B O T W L T P N E S D
```

OKOLIŠ	GEOGRAFIJA
VODA	OTOCI
ZALJEV	ISTRAŽIVAČ
ZNANSTVEN	MIGRACIJA
KONZERVACIJA	MINERALI
KONTINENT	POLUOTOK
UVALA	PINGVINI
EKSPEDICIJA	STJENOVITA
LEDENJACI	TEMPERATURA
LED	TOPOGRAFIJA

72 - Flores

```
N A R C I S L Z B U A B C J Đ M
A J I L O N G A M L H V G D U F
C I F Đ S T P P V W F V Đ N N L
I R I F Z Z R P N A P I L U T J
T E K U B F R A J I N E D R A G
A M S D F E O I T E N D L I L A
L U U M H H P P Z I N S A Z H M
J L N A I B M M Đ U N C G T S D
A P C S B C O Z D C Č U I Y P
S K O L I A P Ž A J E D I H R O
M K K A S N C Z U Đ H E J C Y O
I P R Č K A M C R R P K L Đ A B
N K E A U G V L S R U Ž A U L W
O L T K S G O W F H W S T A K W
L J I L J A N D J E T E L I N A
U L C D L M U J F Z L K C A P N
```

BUKET   TRATINČICA
MASLAČAK   NARCIS
GARDENIJA   ORHIDEJA
SUNCOKRET   MAK
HIBISKUS   BOŽUR
JASMIN   LATICA
LAVANDA   PLUMERIJA
LILA   RUŽA
LJILJAN   DJETELINA
MAGNOLIJA   TULIPAN

73 - Fazenda #1

```
M  P  P  T  J  G  G  M  W  T  F  S  U  W  B  R
A  I  N  O  S  V  I  N  J  A  N  A  R  V  U  S
G  L  G  K  L  F  V  S  R  K  Z  P  Z  Z  Z  Y
A  E  Z  R  V  J  B  Z  J  Č  C  C  O  L  D  B
R  T  K  O  N  J  O  K  M  A  D  O  V  L  R  W
A  I  B  D  U  U  N  P  H  M  O  Z  I  N  J  S
C  N  E  A  L  E  E  G  R  G  W  M  J  F  C  E
C  A  M  T  N  D  J  B  R  I  O  V  O  K  T  B
M  L  V  S  D  K  I  M  I  A  V  P  N  O  U  P
C  E  W  Y  W  J  S  E  Ž  N  B  R  G  Z  I  D
W  Č  O  H  N  W  T  D  A  N  W  F  E  A  N  Y
N  P  O  A  B  L  F  E  Z  R  A  G  R  D  L  I
H  N  K  P  Z  Đ  P  T  L  D  B  C  S  A  A  W
O  M  P  Y  Z  P  U  P  L  E  I  C  R  R  R  O
K  R  A  V  A  Z  H  B  E  O  P  T  Y  G  A  Đ
H  V  U  H  C  B  F  I  O  D  R  P  A  O  A  Đ
```

PČELA	OGRADA
POLJOPRIVREDA	VRANA
RIŽA	SIJENO
VODA	GNOJIVO
TELE	PILETINA
MAGARAC	MAČKA
KOZA	MED
POLJE	SVINJA
KONJ	STADO
PAS	KRAVA

74 - Livros

```
Đ Z U A P W C F L L K C Z J G Z
K Đ P V A R U T N A V A S F S K
T P Y R V P I N V I T N E V N I
J A C M I D O P D P V A K J N P
Č I T A Č Č D F O E H M P T A O
R K U R W L A J Đ V I O Z G P E
E O H W H G R A Z J J R N B I Z
L N D U A L N O S T Z E Z V S I
E T S T R A G I Č N O E D U A J
V E O T L Y J B L N E F A A N A
A K G L R P O V I J E S N I Č M
N S O H Y A J I R E S T Z L K S
T T R Z B I N R A R E T I L B E
A D J Đ O O O I D P G W I M Đ J
N A U T O R W D C N A G J I G P
U J E D O J Y V I A K R I B Z K
```

AUTOR
AVANTURA
ZBIRKA
KONTEKST
DUALNOST
NAPISAN
EP
PRIČA
POVIJESNI
INVENTIVNI

ČITAČ
LITERARNI
PRIPOVJEDAČ
STRANICA
PJESMA
POEZIJA
RELEVANTAN
ROMAN
SERIJA
TRAGIČNO

75 - Chocolate

```
N I L W K J J T M A P Đ A P K D
Z J R F V K O E D P M W V J O W
S S B Đ C P Y F O N C T S Y K P
W L B Y Y R A G G S Z G E R O Y
D W A B F A T E T I L A V K S B
O D M T I H C R Z G H Y I P Y E
O B O P K L Đ A T C O A K A K L
I R R E I O P Đ R L H R G B A Đ
R J A C R O A A M A F V A B J K
M W V E I M F Y H G M G I K O K
V K G R K I Š E Ć E R E S I T T
J E S T I L U K U S N O L U S I
M G F H K J O K U S U V Đ A A L
F P Y I B E J I R O L A K P S A
H U Đ P R N Z A N A T S K I J B
S W O N Č I T O Z G E U K U S F
```

ŠEĆER   UKUSNO
GORAK   SLATKO
KIKIRIKI   EGZOTIČNO
AROMA   OMILJENI
ZANATSKI   UKUS
KAKAO   SASTOJAK
KALORIJE   PRAH
KARAMELA   KVALITETA
KOKOS   RECEPT
JESTI   OKUS

76 - Governo

```
V W Z G F D S P O M E N I K Z Y
Y D T R K R O V O G E J F K W P
U D C A J Ž F J J Z S I M B O L
S R J Đ E A J I C A R K O M E D
T O R A D V D C J A A V N J J H
A B I N N A Đ O V W N L R V S V
V U A S A R C J B T D E I R G W
N F G K K W J P B O O I M R S T
Z A U I O B G R K Đ L K K Y Đ E
U A R J S J O A B V S S W P K P
Y U K O T U B V G L B D U C K G
D U O O D O K D Z B Z U I P C B
G C A Y N M R A E D B S I V A M
D R Ž A V L J A N S T V O M Z K
N E Z A V I S N O S T J S E N A
P O L I T I K A R A S P R A V A
```

DRŽAVLJANSTVO
GRAĐANSKI
USTAV
DEMOKRACIJA
GOVOR
RASPRAVA
OKRUG
DRŽAVA
JEDNAKOST
NEZAVISNOST

SUDSKI
PRAVDA
ZAKON
SLOBODA
VOĐA
SPOMENIK
NAROD
MIRNO
POLITIKA
SIMBOL

77 - Jardinagem

```
B Đ J E N K A J N Ć O V L P M P
D O N Č I T O Z G E L T I T O A
T V T S T Đ H N Y J T A S A A D
Y E E A T S R V T Đ E P T K N Đ
E J K D N V F F Z E K S J W I I
M I U O K I E I L J J M T Y T P
C R B V O Č I F F U N W I Š J
V C F P M D I K S N O Z E S V P
J R W B P E Ć Š I L I V K R A O
E E C N O Y R P V B V I N U J P
T F P L S D F G W N P N E F L N
N N A P T E J I V C P K M E R N
I U P Y T L T Y Y G W I E E P D
V K Y Y T F F S G Đ U O J I Y Z
P Y U J D Đ Y A Z S Y L S Z D M
S N K L I M A G A L V F K K V K
```

VODA
BOTANIČKI
BUKET
KLIMA
JESTIVO
KOMPOST
VRSTA
EGZOTIČNO
CVIJET
CVJETNI

LIST
LIŠĆE
CRIJEVO
VOĆNJAK
KONTEJNER
SEZONSKI
SJEMENKE
TLO
PRLJAVŠTINA
VLAGA

78 - Profissões #2

```
I L Z Z B F O T O G R A F H K Đ
Z I O I U I Y A T G U O V E N J
U J O I L F O Z O L I F W C J E
M E L N V U U L G N J V L J I Z
I Č O Ž Z G S S O D W F V R Ž I
T N G E N R N T V G A L R N N K
E I Č N R L O L R J J R T V I O
L K A J P H V D R A K I L S Č S
J N V E G B I S E O T Y A H A L
N E I R U L N O K T O O R J R O
S K Ž R V L A H Y O E J R M G V
U V A G R U R I K L K K U A Z A
P T R A B U Z W P I D I T D R C
A S T R O N A U T P J R N I F O
Y Y S U Č I T E L J M S T I V R
Y A I H Y O V V D E U U J E A N
```

ASTRONAUT
KNJIŽNIČAR
BIOLOG
KIRURG
ZUBAR
DETEKTIV
INŽENJER
FILOZOF
FOTOGRAF
ILUSTRATOR

IZUMITELJ
ISTRAŽIVAČ
VRTLAR
NOVINAR
JEZIKOSLOVAC
LIJEČNIK
PILOT
SLIKAR
UČITELJ
ZOOLOG

79 - Café

```
K  Z  R  S  T  E  K  U  Ć  I  N  A  Y  K  P  Š
W  B  I  E  A  M  O  R  A  M  S  P  I  Ć  E  E
Y  Y  I  G  L  M  Đ  L  D  G  J  U  T  R  O  Ć
G  B  S  C  N  U  L  Đ  O  L  S  E  Đ  K  H  E
R  O  V  R  C  M  U  J  V  Y  P  S  A  E  K  R
A  O  R  L  V  R  O  K  E  J  I  L  M  J  P  A
Z  K  J  A  H  A  N  P  P  T  K  K  E  O  M  T
N  U  V  N  K  U  I  A  C  N  I  V  R  V  U  L
O  S  G  E  A  O  E  C  R  E  I  B  K  G  M  I
L  D  V  J  L  K  F  I  B  Y  I  R  H  S  T  F
I  L  W  I  I  H  O  L  T  E  J  I  R  D  O  P
K  A  L  C  H  O  K  A  N  E  Ž  R  P  L  Đ  Z
O  V  T  F  R  B  W  Š  A  Đ  M  O  P  A  F  C
S  J  V  H  V  D  J  R  C  T  N  F  Đ  R  R  Đ
T  M  S  A  R  W  Y  J  P  T  J  V  P  Đ  Y  H
V  W  R  Y  B  P  Y  K  W  J  S  M  A  E  Z  D
```

ŠEĆER	MLIJEKO
GORAK	TEKUĆINA
AROMA	JUTRO
PRŽENA	SAMLJETI
VODA	PODRIJETLO
PIĆE	CIJENA
KOFEIN	CRNA
ŠALICA	OKUS
KREMA	RAZNOLIKOST
FILTAR	

80 - Negócios

```
W  A  Đ  Đ  P  T  U  L  A  P  V  Y  T  P  W  B
W  Đ  B  D  G  V  N  O  N  A  A  L  V  R  I  H
P  F  J  K  H  R  T  R  D  U  L  U  O  O  O  I
Đ  O  D  I  L  T  D  Z  C  M  U  O  R  R  P  M
I  R  R  N  E  K  Z  U  C  Z  T  D  N  A  P  Đ
T  S  W  E  E  A  P  Đ  Ć  A  A  K  I  Č  N  W
W  J  G  L  Z  Z  V  I  S  A  V  D  C  U  H  Y
U  C  T  S  Đ  I  M  Đ  Y  D  N  O  A  N  N  A
L  E  K  O  N  O  M  I  J  A  P  B  N  V  F  T
A  J  A  P  A  Z  D  E  S  B  D  I  B  U  E  B
G  W  Š  A  R  T  S  U  P  O  P  T  U  Z  G  Y
A  S  O  Z  N  W  Z  U  S  R  A  U  P  Y  H  V
N  C  R  D  A  O  P  O  S  L  O  D  A  V  A  C
J  C  T  K  A  R  I  J  E  R  A  A  G  Y  E  G
E  J  I  C  N  A  N  I  F  P  R  O  D  A  J  A
U  R  E  D  O  H  I  R  P  Y  I  J  T  L  M  R
```

KARIJERA	FINANCIJE
TROŠAK	POREZI
POPUST	ULAGANJE
NOVAC	DUĆAN
EKONOMIJA	DOBIT
ZAPOSLENIK	ROBA
POSLODAVAC	VALUTA
TVRTKA	PRORAČUN
URED	PRIHOD
TVORNICA	PRODAJA

81 - Fazenda #2

```
J  S  U  P  L  E  J  N  I  T  O  V  I  Ž  J  S
A  V  U  R  D  M  A  V  V  E  R  D  K  N  E  T
N  O  B  W  L  A  D  A  V  I  L  A  V  E  Č  A
J  Ć  W  E  L  L  Đ  O  N  K  K  C  K  H  A  J
E  N  Đ  V  P  O  V  R  Ć  E  B  I  V  T  M  A
T  J  C  C  O  L  E  R  Z  N  U  V  V  O  P
I  A  F  V  K  Ć  O  P  U  W  Đ  E  V  G  E  R
N  K  C  K  E  N  E  V  M  S  Y  Š  T  C  Z  I
A  Đ  T  P  J  F  P  C  C  T  G  P  Y  G  H  T
C  R  M  U  I  P  V  J  M  E  K  S  U  G  L  S
F  D  Y  T  L  A  C  I  N  Š  O  K  L  L  N  A
Z  D  V  Đ  M  T  Đ  U  P  K  S  K  A  Y  H  P
E  Z  U  R  U  K  U  K  F  S  W  B  H  D  R  Z
J  V  E  J  N  A  V  A  J  N  D  O  V  A  N  H
D  B  I  K  W  A  U  T  I  T  R  J  K  Z  K  J
P  K  F  I  J  B  K  A  M  A  B  U  W  U  Y  N
```

ŽIVOTINJE	ZRELO
STAJA	KUKURUZ
JEČAM	OVCE
KOŠNICA	PASTIR
JANJETINA	PATKA
VOĆE	VOĆNJAK
GUSKE	LIVADA
NAVODNJAVANJE	TRAKTOR
MLIJEKO	PŠENICA
LAME	POVRĆE

82 - Jardim

```
D  B  H  W  E  V  E  W  V  D  V  U  C  U  N  G
U  T  T  G  O  Z  Y  I  B  T  Đ  N  L  K  I  R
D  W  O  V  W  K  A  J  N  Ć  O  V  G  C  L  A
K  N  S  I  G  A  R  A  Ž  A  W  B  N  G  O  B
K  U  G  W  D  J  T  T  Y  R  W  B  R  D  P  L
M  E  R  Y  F  N  A  A  O  L  J  A  O  N  M  J
R  L  M  O  Y  V  C  K  P  V  I  S  E  Ć  A  E
O  O  Đ  G  F  A  Đ  L  U  O  O  A  K  J  R  M
V  Z  U  R  E  R  E  U  M  V  L  R  A  W  T  L
D  A  J  A  K  T  O  P  A  E  T  E  J  I  V  C
F  R  U  D  O  O  P  A  T  J  E  T  N  O  C  M
T  T  V  A  Y  R  G  U  T  I  P  N  B  O  B  I
R  K  K  O  J  L  Y  J  P  R  T  R  I  J  E  M
A  T  F  I  P  A  N  F  N  C  L  R  R  Y  E  G
V  P  B  G  A  T  U  C  L  C  V  V  N  H  F
A  C  G  Z  U  F  P  G  I  V  I  N  F  Y  V  W
```

GRABLJE	RIBNJAK
GRM	VISEĆA
DRVO	CRIJEVO
KLUPA	LOPATA
OGRADA	VOĆNJAK
CVIJET	TLO
GARAŽA	TERASA
TRAVA	TRAMPOLIN
TRAVNJAK	TRIJEM
VRT	LOZA

83 - Oceano

```
J  M  J  P  T  U  N  A  D  U  P  I  N  H  Š  U
G  R  E  B  E  N  J  P  A  J  L  A  R  O  K  D
S  R  G  P  D  R  S  E  U  Y  G  U  S  B  A  K
U  A  L  M  Đ  F  E  P  G  H  H  U  I  O  M  I
K  I  A  S  D  F  L  G  N  U  L  Y  M  T  P  T
S  O  L  D  Y  S  M  G  Y  Y  L  E  W  N  I  E
K  K  O  R  N  J  A  Č  A  D  I  J  J  I  K  N
A  B  D  R  Y  A  W  L  Đ  V  M  N  A  C  M  U
M  B  L  V  A  Z  U  D  E  M  M  P  V  A  M  J
E  M  I  L  P  K  M  O  R  S  K  I  P  A  S  P
N  P  G  R  Č  A  M  A  C  M  C  P  C  S  C  G
I  R  Y  H  L  J  A  Y  O  B  A  U  U  U  W  T
C  O  N  P  S  L  S  P  U  Ž  V  A  J  U  L  O
A  T  J  H  A  F  C  W  S  T  D  T  O  K  B  W
O  B  N  T  V  P  I  D  M  F  L  L  D  O  L  V
J  A  O  E  W  V  H  C  G  T  D  I  Đ  Đ  E  Z
```

ALGE	PLIME
TUNA	MEDUZA
KIT	KAMENICA
ČAMAC	RIBA
ŠKAMPI	HOBOTNICA
RAK	GREBEN
KORALJA	SOL
JEGULJA	KORNJAČA
SPUŽVA	OLUJA
DUPIN	MORSKI PAS

84 - Profissões #1

```
O L U P T A E A M O T F J O O A
L G M I S K R C S K Y C F J L M
K E J P I I A O T R A K E D B
A O E Z N N H V B A R O C H I A
R L T L A E R O L T W O J E R S
T O N A J B Z L L D E E N A M A
O G I T I Z C F M O I H B O Č D
G Z K A P A V P P C G U A P M O
R T Y R L L W Y F F K C N D T R
A C A S A G O R T A V C K A K A
F Z N A N S T V E N I K A E I J
R W U T C H P M F P H U R H N J
V E T E R I N A R J O G V A D W
W E Z Y U R J S P O R T A Š E N
O D V J E T N I K M O R N A R L
P L E S A Č I C A E T H O F U Y
```

ODVJETNIK	PLESAČICA
KROJAČ	UREDNIK
UMJETNIK	AMBASADOR
ASTRONOM	GEOLOG
SPORTAŠ	ZLATAR
BANKAR	MORNAR
VATROGASAC	GLAZBENIK
LOVAC	PIJANIST
KARTOGRAF	PSIHOLOG
ZNANSTVENIK	VETERINAR

85 - Força e Gravidade

```
P K C M F M L P I S V J T T P U
P R I T I S A K L T G N P H R D
C H A N G O I O I A M G T B O A
L H F T T E Ž I N A N Y V Đ Š L
B B G Y N F I Z I K A E Z C I J
L O G Y R E U B W Z M L T A R E
T R E N J E C V Z M A Z Đ E E N
E B L V M Z A J G Z G O P Ć N O
R U R I W N R M T D N R Z I J S
K C T Z W D A E M B E B O R E T
O Z B K I V D H H Y T I U K M E
P N C I D N U A W R I T G T E A
P N A Č I M A N I D Z A Y O J B
O N O C S C K I H V A K U D I R
M M J U D S U K Z L M O Đ K R T
R Z S N K B F A S V O J S T V A
```

TRENJE   MEHANIKA
CENTAR   POKRET
OTKRIĆE   ORBITA
DINAMIČAN   TEŽINA
UDALJENOST   PLANETE
OS   PRITISAK
PROŠIRENJE   SVOJSTVA
FIZIKA   BRZINA
UDARAC   VRIJEME
MAGNETIZAM

86 - Abelhas

```
O Đ G N P K A S O V G R U M C K
K Y V K F R W E Ć O V D I Đ P L
G R E E H A P Ć K T M B I T N N
R B I J E L I E B O Đ N I M F L
F O P L G J Y J O R S D M E D Z
F M R I A I P I S P A U Đ L U T
O I K B K C S V B T R L S B J A
B U F Y V A H C Đ P E E K T I N
R A Z N O L I K O S T P U R A R
M G N F N C A C I N Š O K V S V
Đ A E L S B U H Y A I D A E U P
F O V R I O D H G F N S C V N N
A V D C R C H R C L A F V R C K
Đ E Z Y O F Y B S E T F C K E Y
K Y P T K I G H O L S M T W I N
C V I J E T N G H Y T Z P P I K
```

KRILA
KORISNO
VOSAK
KOŠNICA
RAZNOLIKOST
EKOSUSTAV
ROJ
CVIJET
CVIJEĆE
VOĆE

DIM
STANIŠTE
KUKAC
VRT
MED
BILJE
PELUD
KRALJICA
SUNCE

87 - Ciência

```
Z  Č  H  F  L  G  M  I  H  W  Z  P  Z  H  K  H
N  P  I  P  U  A  R  E  V  O  L  U  C  I  J  A
A  R  M  N  S  C  B  A  D  O  R  I  R  P  P  Z
N  O  E  L  J  U  A  O  V  G  V  H  J  B  O  E
S  M  T  P  E  E  F  U  R  I  I  Z  T  I  D  T
T  A  O  A  L  I  N  I  J  A  T  U  H  L  A  O
V  T  D  T  W  V  S  I  K  C  T  A  Y  J  C  P
E  R  A  O  Y  T  H  O  C  P  K  O  C  E  I  I
N  A  B  M  E  C  G  K  O  A  S  A  R  I  O  H
I  N  Y  E  L  U  K  E  L  O  M  D  T  I  J  V
K  J  G  D  G  M  A  Z  I  N  A  G  R  O  J  A
N  E  C  I  T  S  E  Č  S  Đ  D  W  Y  J  Đ  M
M  I  N  E  R  A  L  I  O  R  E  W  U  N  H  I
K  E  M  I  J  S  K  I  F  I  Z  I  K  A  P  L
B  O  M  F  L  N  O  W  T  Đ  V  Z  L  Y  B  K
V  Đ  N  S  M  C  W  G  J  K  T  G  J  T  T  E
```

ATOM	LABORATORIJ
ZNANSTVENIK	METODA
KLIMA	MINERALI
PODACI	MOLEKULE
EVOLUCIJA	PRIRODA
ČINJENICA	PROMATRANJE
FIZIKA	ORGANIZAM
FOSIL	ČESTICE
GRAVITACIJA	BILJE
HIPOTEZA	KEMIJSKI

88 - Comida #1

```
T U N A R M Đ J A E C R N K O B
J D H Đ M E D L A L U K F I R O
Y B I R U I P T T G V C V K J S
J U H A F S Đ A A O O L O I W I
Š E Ć E R O Y N L B C D F R F L
T O R T A K E I A Y Y V A I Z J
Đ H P U A F M P S Đ S O R K I A
M L B U H Č E Š N J A K M I D K
R F Y B M N T L Y U P E A I Z A
K Z E B I N K N M J M J R P J A
V L P O H U P Y K C A I E A U A
A R C B H N R P Đ Y Č L L O S M
I H Đ Y P E B E V T E M I C S E
B U C H U V A I D V J Z C F E F
P B R T A Y B A O N R Đ A H Y E
B P H E E Đ K D Y J O P U S V R
```

ŠEĆER	ŠPINAT
ČEŠNJAK	MLIJEKO
KIKIRIKI	LIMUN
TUNA	BOSILJAK
TORTA	JAGODA
CIMET	REPA
LUK	SOL
MRKVA	SALATA
JEČAM	JUHA
MARELICA	SOK

89 - Geometria

```
P D A J L U V I R K V K A R S G
R D C E M F A V Đ K O T R T U K
O U N D G G D Y G T D I W U M N
M B A N I Š R V O P O M E K G K
J P J A I E A J I C R O P O R P
E Z I D N Z D J A W A K G R J I
R O Ž Ž A I R O Y N V O L T V A
S I N B J S S A Z Y A M E F C Y
P H E A I Z D I Č V N A Z T L E
C W M J D M F Đ V U I S V Z E P
R Y I I E R E Z M Đ N A P N S R
Y K D R M S I M E T R I J A U E
G I C O N L E L A R A P H W E V
P Z Z E O D G O L O G I K A I L
N A S T N E M G E S J Y Y S A S
O M Đ O K Đ Đ B V O A S Đ B C O
```

VISINA
KUT
IZRAČUN
KRUG
KRIVULJA
PROMJER
DIMENZIJA
JEDNADŽBA
VODORAVAN
LOGIKA

MASA
MEDIJAN
PARALELNO
PROPORCIJA
SEGMENT
SIMETRIJA
POVRŠINA
TEORIJA
TROKUT
OKOMIT

90 - Pássaros

```
Č Z P H F V L P B P M C U B V N
K A L I B E L A G A N A R V N B
U D P M N A C U O T W B Y Y J R
K O S L D G S N Z K S A J A J E
A R G P J M V W A A F R O A R O
V M O I N A F I A K P V N G L I
I Đ L L I O L I N G I P I I J V
C G U E Y P A P T U S L T P L G
A H B T R B M T B Y Đ N E A A L
D R S I V H I A K D V D H P B M
K O H N E D N Z Đ Y C Đ K T U R
L V G A H G G S O P U E K C D G
J I P S R G O D S O U I Z L C U
N Y O Z Z P N Z O H J C B P L S
W O Z U G N L B D J S R H I U K
A C N U K O T K U D G F Đ B C A
```

NOJ	ČAPLJA
ORAO	JAJE
RODA	PAPIGA
LABUD	VRABAC
VRANA	PATKA
KUKAVICA	PAUN
FLAMINGO	PELIKAN
PILETINA	PINGVIN
GALEB	GOLUB
GUSKA	TOUCAN

91 - Literatura

```
U  S  P  O  R  E  D  B  A  M  I  R  B  V  R  T
O  J  I  P  M  I  Š  L  J  E  N  J  E  A  E  R
G  I  D  P  R  P  Đ  C  Đ  T  A  T  G  E  F  A
V  K  F  A  O  I  V  E  Đ  T  M  G  T  G  P  G
T  U  R  K  K  B  P  Y  J  K  O  K  E  W  C  E
R  I  T  A  M  C  M  O  B  V  R  E  M  L  I  D
M  B  I  Č  I  B  K  M  V  N  H  I  A  O  Z  I
E  L  W  U  C  A  Z  B  A  J  A  U  T  O  R  J
T  G  J  J  H  P  T  G  N  L  E  R  Z  M  N  A
A  D  A  L  I  T  S  P  A  T  O  D  G  E  N  A
F  I  N  K  E  Y  A  S  L  Y  K  J  A  N  B  Z
O  J  A  A  T  H  F  C  O  N  S  E  A  Č  Y  H
R  A  L  Z  L  Y  L  A  G  U  Z  J  E  L  I  S
A  L  I  A  A  J  A  J  I  F  A  R  G  O  I  B
G  O  Z  O  Z  O  Y  H  J  F  I  K  C  I  J  A
L  G  A  B  A  Đ  P  A  A  P  J  E  S  M  A  D
```

ANALOGIJA	FIKCIJA
ANALIZA	METAFORA
ANEGDOTA	PRIPOVJEDAČ
AUTOR	MIŠLJENJE
BIOGRAFIJA	PJESMA
USPOREDBA	RIMA
ZAKLJUČAK	RITAM
OPIS	ROMAN
DIJALOG	TEMA
STIL	TRAGEDIJA

92 - Química

```
Z H Z K E T E K U Ć I N A K K K
F P A A L M I Z N E K L O R I L
U R L T E T O R D G M B W O S Đ
Z J N A K G E L U G L J I K E R
G I F L T E D Ž E M O U P Y L V
K G R I R K D H I K S N U Y I O
Đ E C Z O V P N T N U I O N N R
Z H I A N K U C N T A L L S A G
L I D T J I B D E E O P A W R A
D V R O J S B Z M I C P G K W N
J S I R B I R U E E U H L N Y S
E P Đ J J K Z G L T I S K I J K
C F Z V O D I K E Đ D Y F O N I
M E T A L I I H D H S A T A U A
N U K L E A R N I V Z T N D D K
T E M P E R A T U R A L K S P O
```

KISELINA

TOPLINA

UGLJIK

KATALIZATOR

KLOR

ELEMENTI

ELEKTRON

ENZIM

PLIN

VODIK

ION

TEKUĆINA

METALI

MOLEKULA

NUKLEARNI

ORGANSKI

KISIK

TEŽINA

SOL

TEMPERATURA

93 - Clima

```
O  B  E  N  A  Š  U  S  C  O  A  M  F  A  A  T
M  L  R  D  N  V  R  G  J  R  D  Y  K  W  W  E
A  J  U  A  I  J  A  M  I  L  K  G  J  W  D  M
G  I  C  J  V  E  G  Z  N  P  L  P  J  E  Y  P
L  J  L  S  A  T  A  P  R  Z  O  B  L  A  K  E
A  A  A  T  J  A  N  C  A  M  O  F  M  J  Z  R
M  G  G  T  L  R  B  S  L  Y  C  O  J  N  H  A
Đ  L  Đ  J  M  Y  D  R  O  A  N  T  E  U  Y  T
O  D  A  N  R  O  T  K  P  D  F  N  Đ  M  P  U
T  V  O  V  G  O  S  M  P  E  T  Z  A  T  J  R
R  M  O  N  S  U  N  F  S  U  H  O  D  E  L  A
O  D  F  Y  U  P  U  C  E  L  T  N  U  W  O  J
P  N  O  P  B  W  C  K  K  R  E  T  G  N  G  G
S  O  B  W  C  Đ  P  W  U  J  A  U  A  Y  S  S
K  P  O  V  J  E  T  A  R  A  C  W  P  M  O  W
I  M  W  H  T  T  I  L  H  V  A  P  V  G  U  I
```

DUGA	POLARNI
ATMOSFERA	MUNJA
POVJETARAC	SUŠA
NEBO	SUHO
KLIMA	TEMPERATURA
URAGAN	OLUJA
LED	TORNADO
MONSUN	TROPSKI
MAGLA	GRMLJAVINA
OBLAK	VJETAR

94 - Diplomacia

```
Z V V M V A R S V N H I C D P K
A U L Đ C L A S A K U L D O R A
J D Đ A P S S I K V Y H R P A M
E P G Z D P P G I L J E S F V P
D R M E H A R U T M E E U J D A
N R S F C O A R E S M D T Z A N
I H E A F O V N M F D D B N U J
C W J L O U A O G S H V O N I E
A J N D A R U S R P A N K V I K
Đ C E D I B I T T O K G U U J G
R T Š Z D I P L O M A T S K I D
C V E B I N R A T I N A M U H B
N V J G F C I N T E G R I T E T
P A R K K Đ I G R A Đ A N I S Z
A M B A S A D O R O V O G U L C
L M J A B P O L I T I K A T D C
```

KAMPANJE	VLADA
GRAĐANI	HUMANITARNI
ZAJEDNICA	INTEGRITET
SUKOB	PRAVDA
SAVJETNIK	JEZICI
SURADNJA	POLITIKA
DIPLOMATSKI	ODLUKA
RASPRAVA	SIGURNOST
AMBASADOR	RJEŠENJE
ETIKA	UGOVOR

95 - Comida # 2

```
A D A L O K O Č L U A A G B O M
O R T N K P Š E N I C A R A O Z
Z I T M O E K E I Y F H O N Đ H
G S Đ I Z A E Z B N Đ L Ž A T C
P Đ M K Č K M M O T G T Đ N R S
C W J F V O U E B R Đ J E A E Z
C N R P L O K D G A G E E B Š A
P C I J C G F A J J R L E I N T
A D R Z S F S B A Č K H J R J L
T T R U G O J R B I U B A I A Z
L D Y I I I B O U C F W J V V F
I J K D Ž L T K K A T J F I J A
D L T J M A J U A O A Y L K E K
Ž I M U F H W L U M Đ A M M W N
A U Z G L U V A N I T E L I P U
N V G H M P Y F T R N F T I W Š
```

ARTIČOKA	JOGURT
BADEM	KIVI
RIŽA	JABUKA
BANANA	JAJE
PATLIDŽAN	RIBA
BROKULA	ŠUNKA
TREŠNJA	SIR
ČOKOLADA	RAJČICA
GLJIVA	PŠENICA
PILETINA	GROŽĐE

96 - Universo

```
N C Y P G U R W P I R P F A E S
P E P M P H O R I Z O N T S Z E
F S B M O N A Č N U S R Đ T A D
N E S E K A J I D O Z O V R T E
A J R O S I Y U C F U T I O M H
A M P F E K Š I R I N A D N O E
J K S D L Č I G S R K V L O S M
I V Y I E I B G A Đ O K J M F I
M F J O T M D Đ Y L B E I H E S
O B M R U Z S U V M A O V R R F
N B N E B O T V Ž D B K Y Z A E
O W F T M K K R K I G V S Đ I R
R L P S O S W P Y N N A V I R A
T G P A C Y K A E K H A C T J W
S O L S T I C I J O R B I T A A
A E U Z L Đ T U Đ V C V L W A T
```

ASTEROID	HORIZONT
ASTRONOMIJA	ŠIRINA
ASTRONOM	DUŽINA
ATMOSFERA	MJESEC
NEBESKI	ORBITA
NEBO	SUNČANO
KOZMIČKI	SOLSTICIJ
EKVATOR	TELESKOP
GALAKSIJA	VIDLJIV
HEMISFERA	ZODIJAK

97 - Jazz

```
I  I  T  F  D  Z  P  E  F  C  M  R  I  T  A  M
M  B  A  L  B  U  M  Đ  V  F  Đ  B  N  O  A  L
P  M  U  Đ  S  H  Z  A  T  I  S  V  O  A  Y  C
R  Đ  K  B  Z  O  N  Z  G  W  G  K  K  R  Ž  S
O  Y  N  E  N  V  V  R  A  P  O  Z  N  A  T  I
V  N  L  B  J  J  S  A  S  T  A  V  S  B  R  O
I  O  S  T  A  R  E  M  S  M  K  F  K  Z  E  R
Z  V  B  G  T  S  R  V  Đ  J  I  Y  L  A  C  K
A  O  T  Y  G  M  L  B  I  P  N  D  A  L  N  E
C  F  A  V  O  R  I  T  I  Z  H  C  D  G  O  S
I  P  U  M  J  E  T  N  I  K  E  N  A  P  K  T
J  J  J  A  Đ  D  S  E  T  Y  T  C  T  W  S  A
A  P  G  E  P  W  Đ  L  K  T  M  E  E  Z  G  R
B  H  A  I  S  E  L  A  C  Đ  D  W  L  H  G  I
W  C  D  D  W  M  Y  T  M  L  W  V  J  G  J  L
D  J  E  S  S  K  A  S  A  L  G  A  N  N  T  L
```

UMJETNIK	FAVORITI
ALBUM	ŽANR
BUBNJEVI	IMPROVIZACIJA
PJESMA	GLAZBA
SASTAV	NOVO
SKLADATELJ	ORKESTAR
KONCERT	RITAM
STIL	TALENT
NAGLASAK	TEHNIKA
POZNATI	STAR

98 - Barcos

```
I  M  P  P  Y  R  V  A  L  P  S  O  A  I  M  P
K  A  O  R  D  I  S  A  P  L  U  T  A  Č  A  R
A  U  R  R  U  Z  A  T  L  Y  P  P  M  L  J  I
J  A  E  U  N  A  K  H  L  O  F  D  I  U  A  S
A  K  Z  L  A  A  A  A  L  I  V  T  L  H  R  T
K  Đ  E  V  E  R  R  J  M  V  H  I  P  U  B  A
V  Y  J  Z  C  O  I  K  S  R  O  M  O  P  O  N
J  M  U  L  O  T  A  J  Z  T  Y  Đ  W  N  L  I
K  H  Ž  J  K  O  H  A  E  R  O  M  E  L  S  Š
P  P  E  D  C  M  A  B  T  K  E  J  A  R  T  T
I  L  J  L  N  V  N  R  C  L  A  O  D  I  G  E
K  Y  L  I  D  W  K  Y  J  I  B  V  A  S  N  C
L  M  U  J  B  E  G  E  B  M  F  A  S  H  R  G
J  L  C  Đ  B  M  U  O  A  W  W  B  O  F  J  W
P  W  Y  P  H  E  U  U  L  T  R  J  P  K  H  Y
Đ  O  L  H  D  W  S  R  D  B  U  T  U  B  G  Y
```

SIDRO	MORE
TRAJEKT	PLIMA
PLUTAČA	MORNAR
KAJAK	JARBOL
KANU	MOTOR
UŽE	POMORSKI
PRISTANIŠTE	OCEAN
JAHTA	VALOVI
SPLAV	RIJEKA
JEZERO	POSADA

99 - Mamíferos

```
J T I T Y T T V J H N G E D Đ C
L Z Y C Đ O B I K T Z Z B O I P
W L P A S G V M K L N L B S D C
P I I D R F B H R H K W U B I N
A R P S K O J O T R C Y H B V A
A F A R I Ž O R T F O D A K R M
R D A E I C J N U M J A M I M A
B K U V A E A R F B N B V T C F
E L P P H Z L W P N O A V E I C
Z O H Đ I L I G J P K R J C D T
Z K Z L A N R S L O N E J V E G
K A B T M R O R O O D E D O R E
Z N E K Đ L G B I W B Y W L Đ F
W Y C V W M S S D T U J P G S W
Y Z A G Y O E I W W M A Č K A M
L A V F B L I U E F S S H S F T
```

KIT	ŽIRAFA
DEVA	DUPIN
KLOKAN	GORILA
DABAR	LAV
KONJ	VUK
PAS	MAJMUN
ZEC	OVCE
KOJOT	LISICA
SLON	BIK
MAČKA	ZEBRA

100 - Atividades e Lazer

```
S U R F A N J E R O N K P G O K
K M H F W S I F U V O A J O P O
O J F O T S P E Z T G M E L U Š
B K Z K B T E N I S O P Š F Š A
H D G Y I I F B T R M I A E T R
M J T G W I J V A A E R Č O A K
H U B O T N Z I V L T A E D N A
P L I V A N J E O T N N N B J F
Y O M O U A W J T R O J J O E A
Đ B A H D G R N U V N E E J Y P
U Z H N D H Z E P W I B F K V U
D J H T J W A J U J U E P A V T
F Đ M E N M N M S Z J Đ Y A I
G B M D J O T O V T S R A B I R
N O N F V D R R S L I K A R B G
O U M J E T N O S T J A B T H L
```

KAMPIRANJE   RONJENJE
UMJETNOST   PLIVANJE
KOŠARKA   RIBARSTVO
BEJZBOL   SLIKA
BOKS   OPUŠTANJE
PJEŠAČENJE   SURFANJE
NOGOMET   TENIS
GOLF   PUTOVATI
HOBIJI   ODBOJKA
VRTLARSTVO

1 - Dirigindo

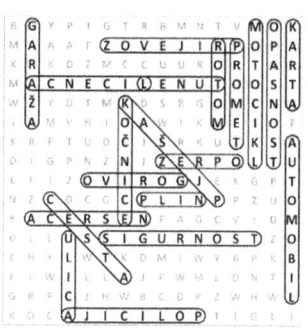

2 - Antiguidades

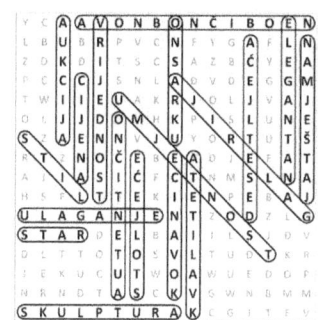

3 - Churrascos

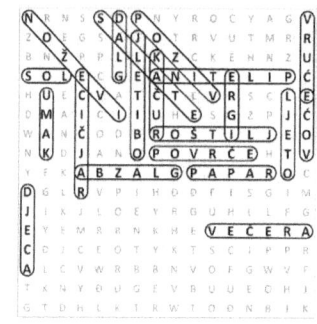

4 - Pesca

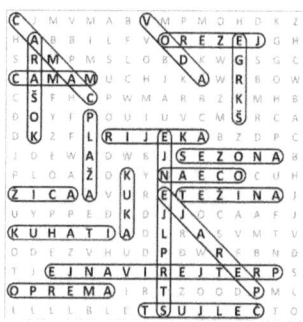

5 - Geologia

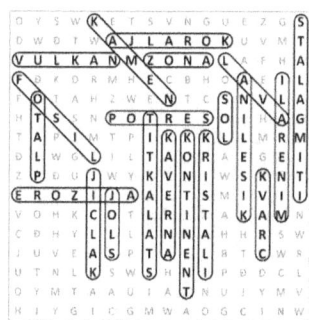

6 - Tempo

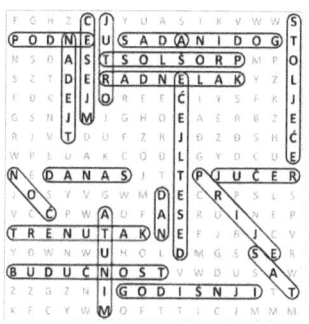

7 - Astronomia

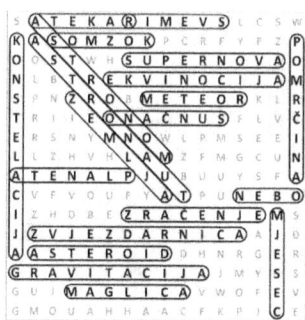

8 - Acampamento

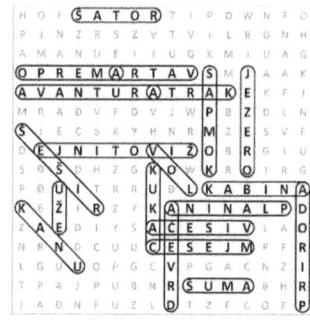

9 - Ficção Científica

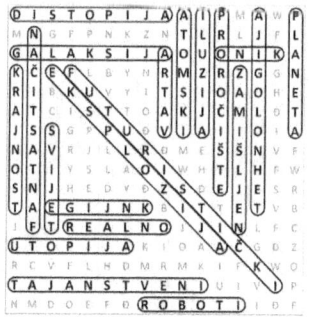

10 - Mitologia

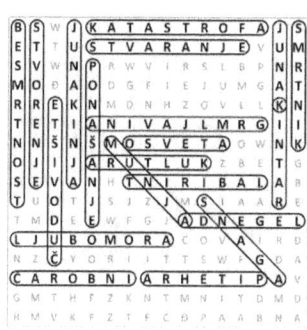

11 - Medições

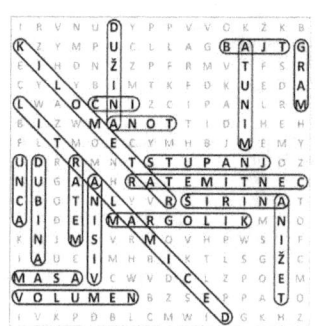

12 - Álgebra

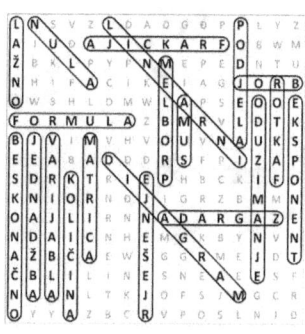

13 - Plantas

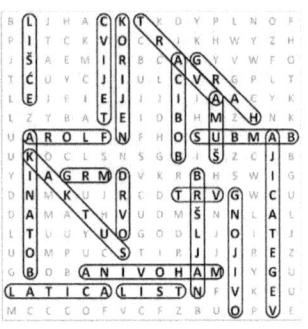

14 - Veículos

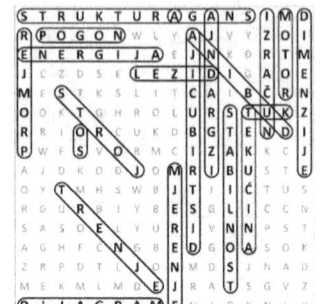

15 - Engenharia

16 - Restaurante #2

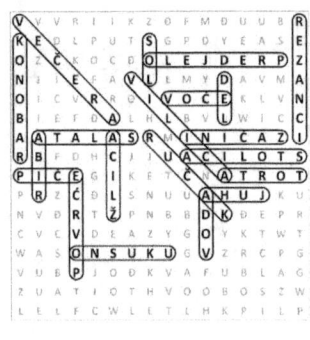

17 - Países #2

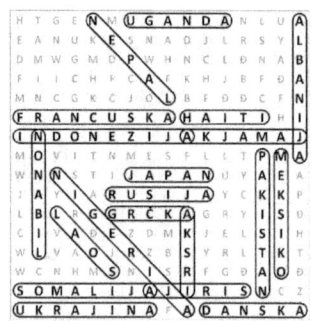

18 - Números

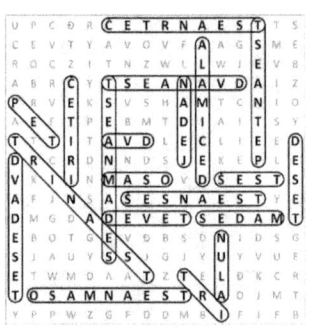

19 - Física

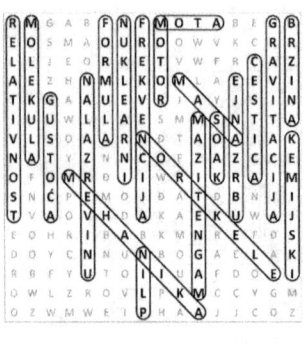

20 - Especiarias

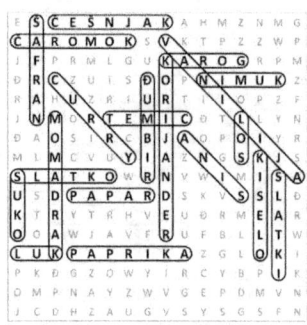

21 - Países #1

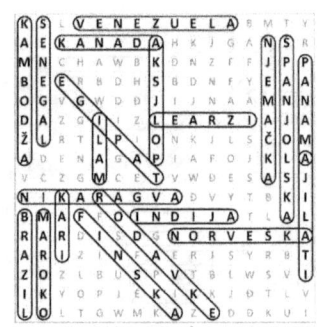

22 - A Mídia

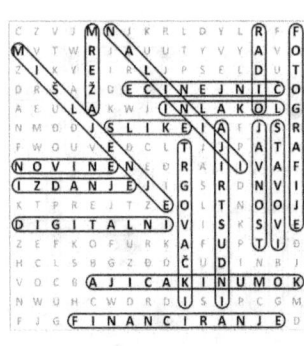

23 - Casa

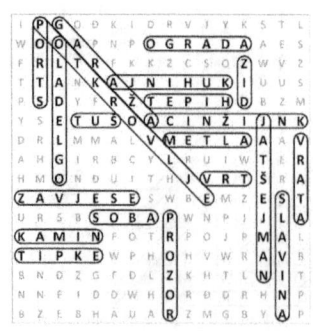

24 - Vegetais

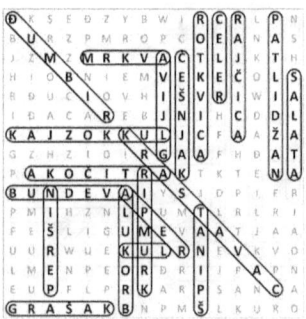

25 - Balé

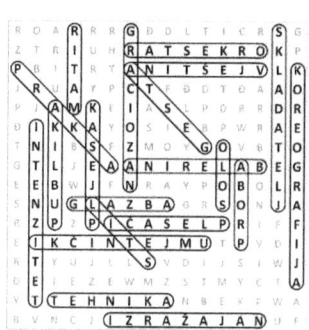

26 - Adjetivos #1

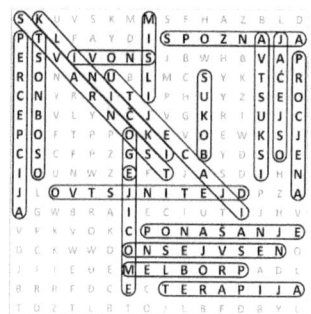

27 - Psicologia

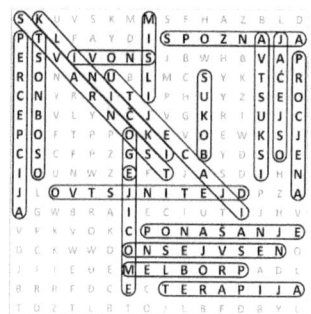

28 - Paisagens

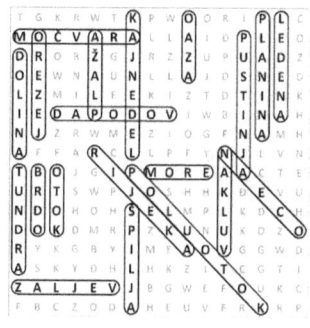

29 - Dança

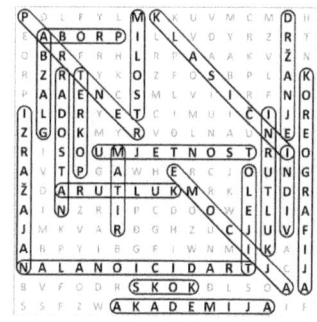

30 - Nutrição

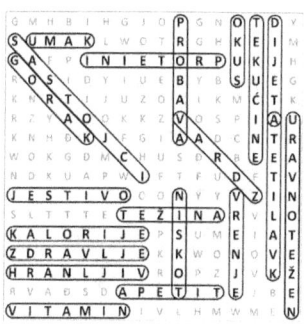

31 - Energia

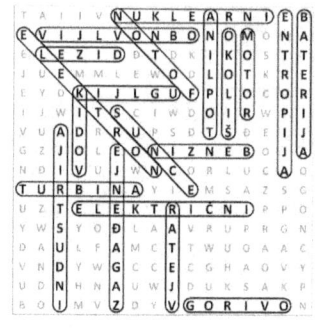

32 - Disciplinas Científicas

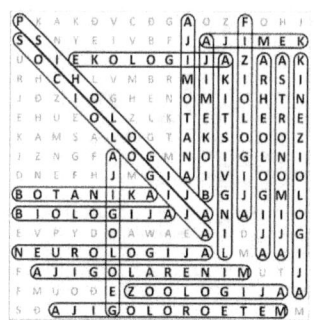

33 - Meditação

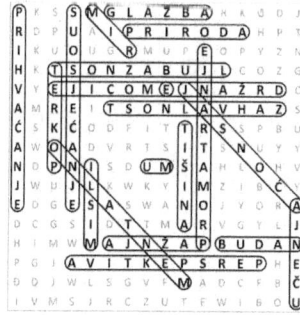

34 - Instrumentos Musicais

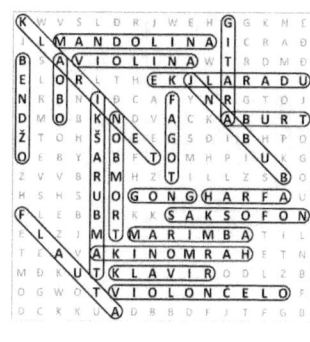

35 - Adjetivos #2

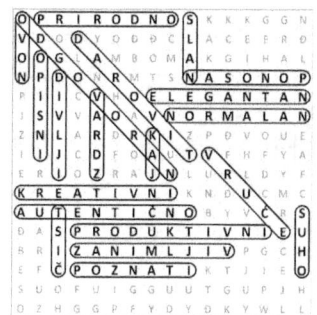

36 - Roupas

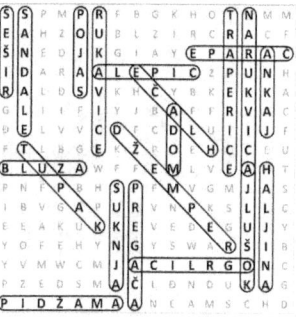

37 - Herbalismo

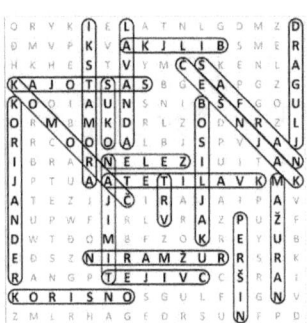

38 - Arqueologia

39 - Esporte

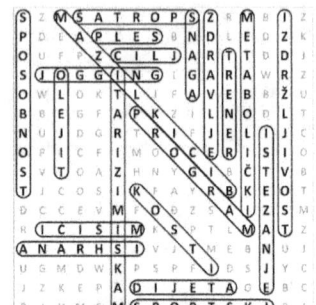

40 - Agronomia

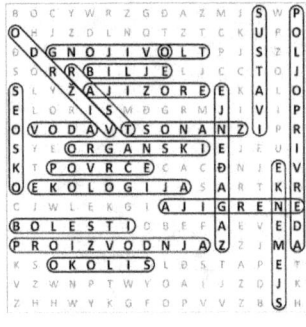

41 - Frutas

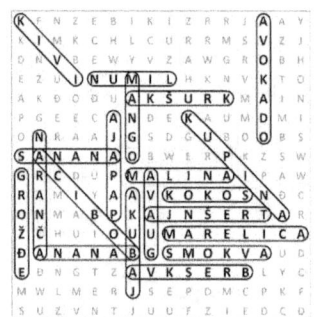

42 - Corpo Humano

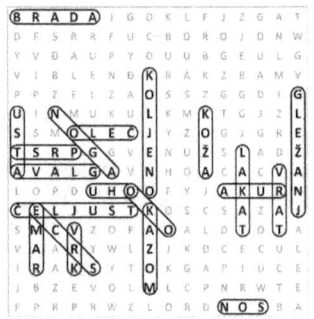

43 - Restaurante #1

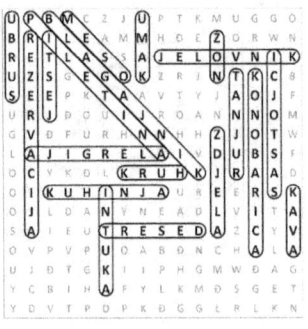

44 - Caminhada

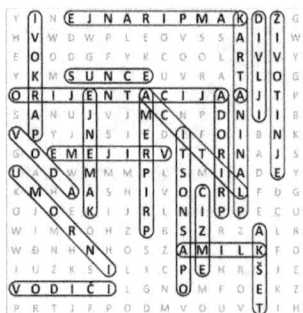

45 - Biologia

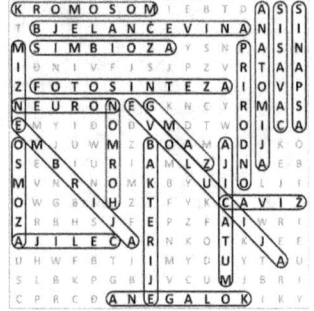

46 - Beleza

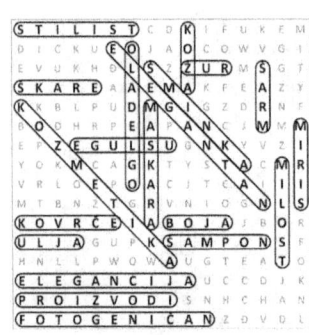

47 - Filantropia

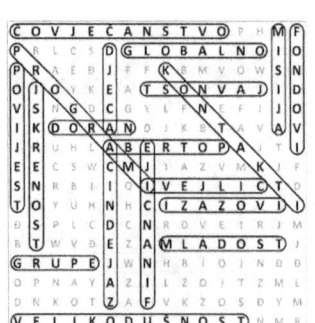

48 - Ecologia

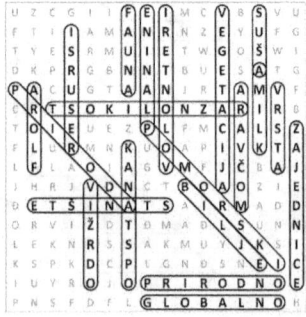

49 - Família

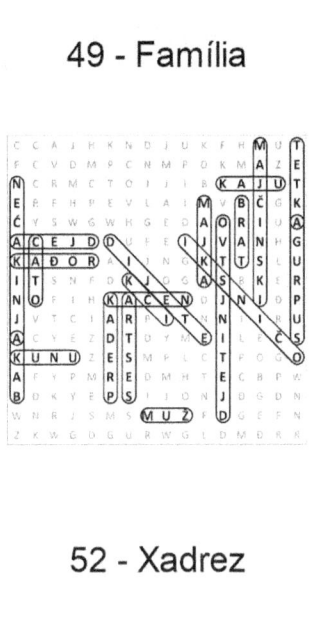

50 - Férias #2

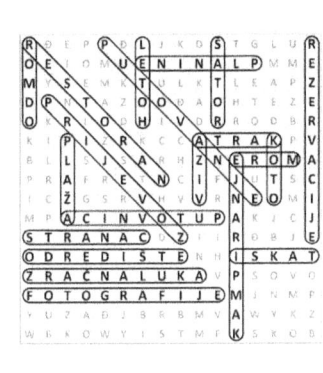

51 - Edifícios

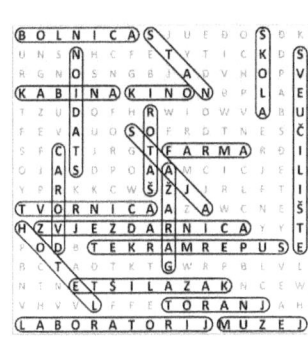

52 - Xadrez

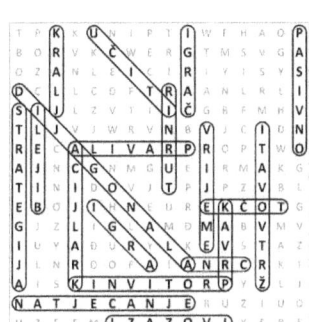

53 - Aventura

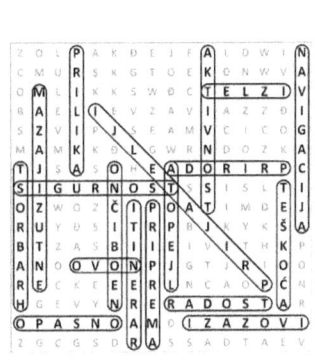

54 - Floresta Tropical

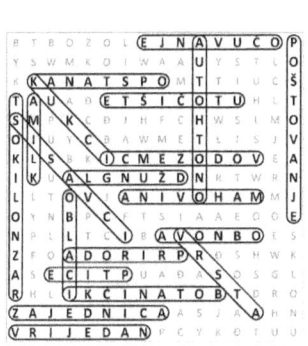

55 - Cidade

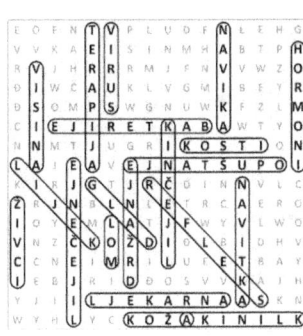

56 - Música

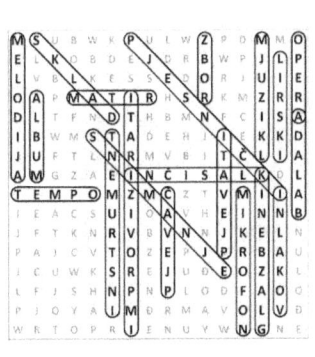

57 - Matemática

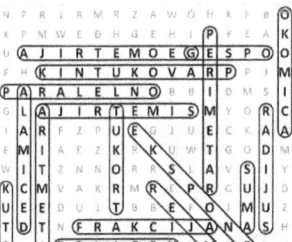

58 - Saúde e Bem Estar #1

59 - Imigração

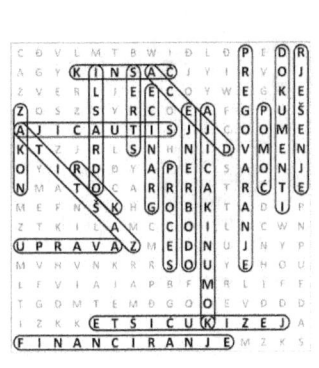

60 - Natureza

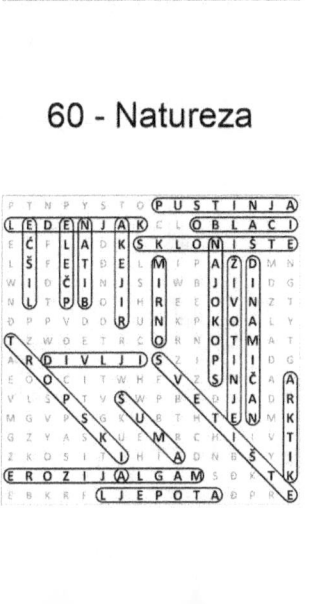

61 - A Empresa

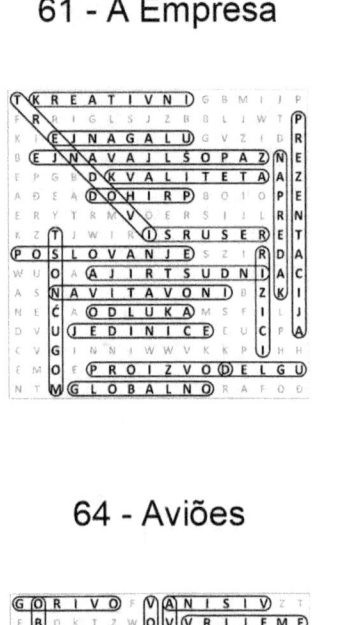

62 - Doença

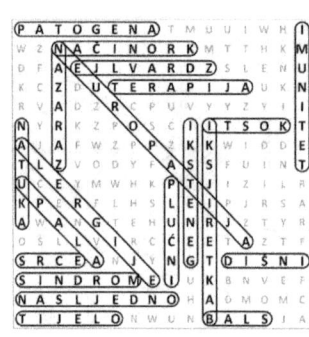

63 - Aquecimento Global

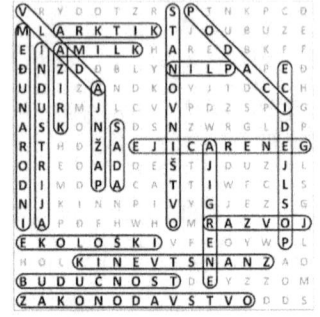

64 - Aviões

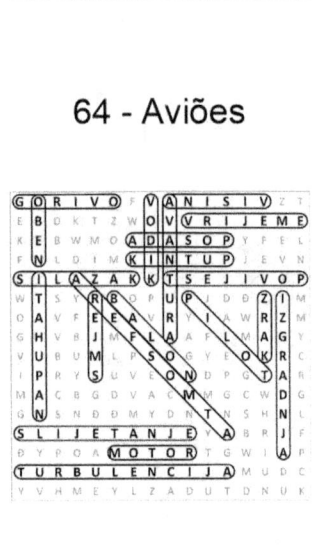

65 - Tipos de Cabelo

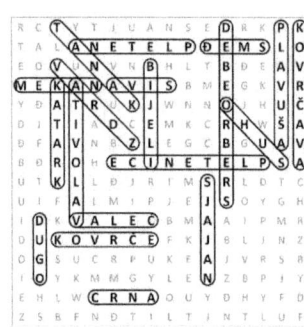

66 - Formas

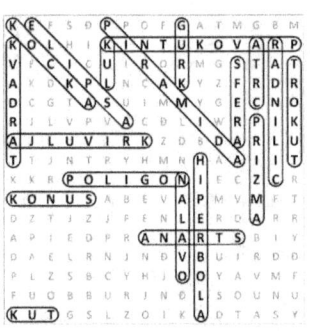

67 - Criatividade

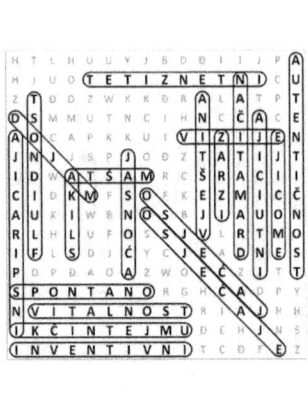

68 - Dias e Meses

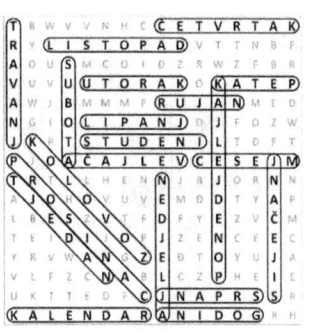

69 - Saúde e Bem Estar #2

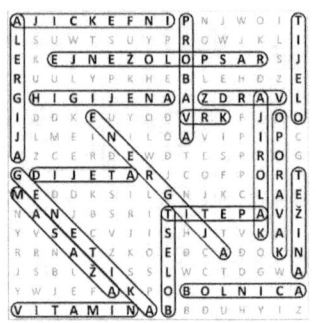

70 - Geografia

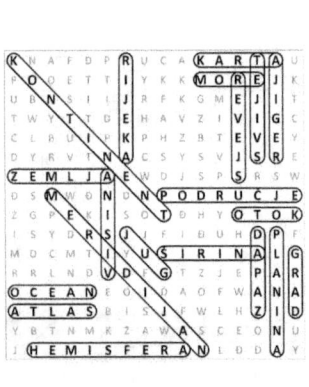

71 - Antártica

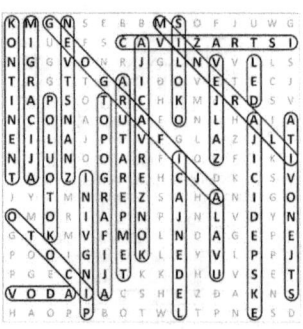

72 - Flores

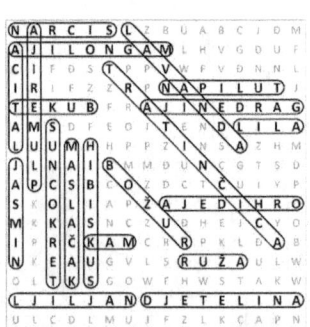

73 - Fazenda #1

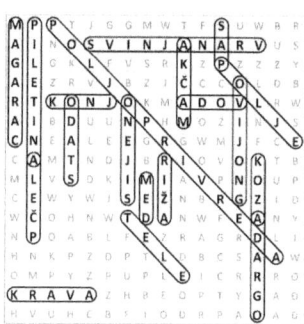

74 - Livros

75 - Chocolate

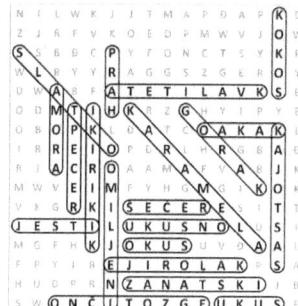

76 - Governo

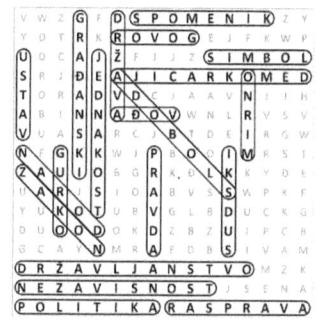

77 - Jardinagem

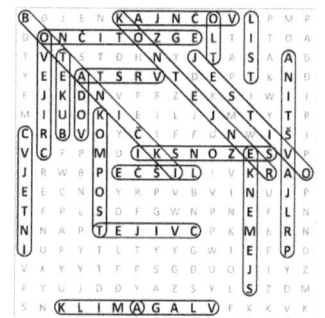

78 - Profissões #2

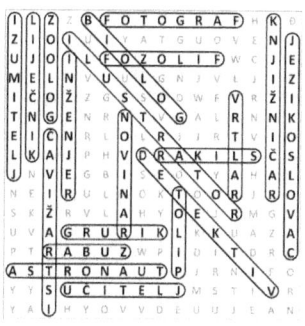

79 - Café

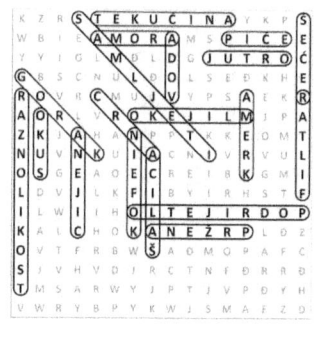

80 - Negócios

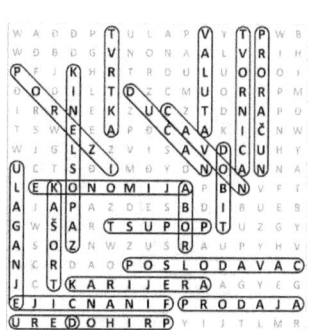

81 - Fazenda #2

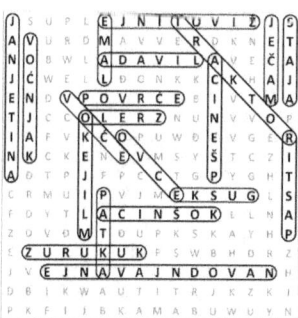

82 - Jardim

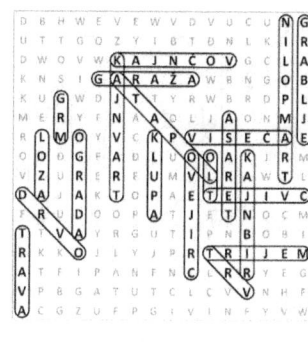

83 - Oceano

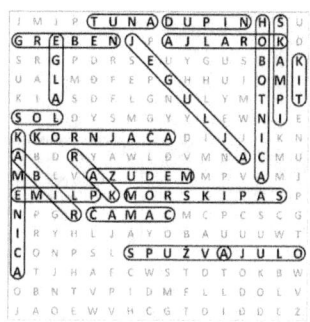

84 - Profissões #1

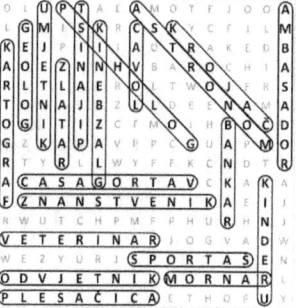

85 - Força e Gravidade

86 - Abelhas

87 - Ciência

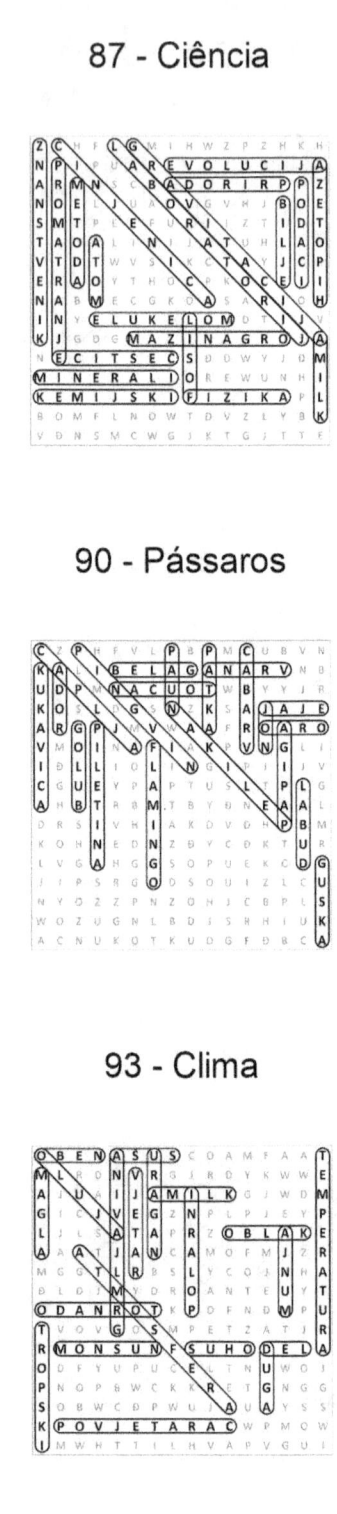

88 - Comida #1

89 - Geometria

90 - Pássaros

91 - Literatura

92 - Química

93 - Clima

94 - Diplomacia

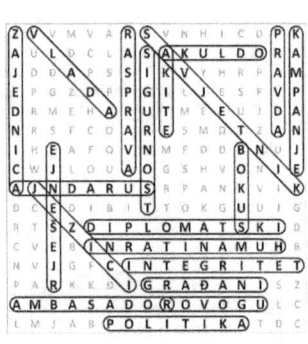

95 - Comida # 2

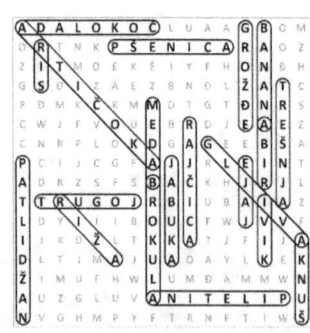

96 - Universo

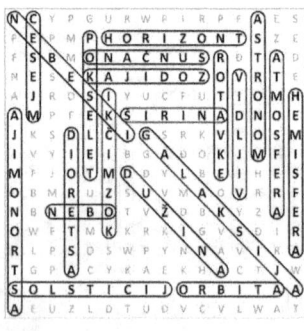

97 - Jazz

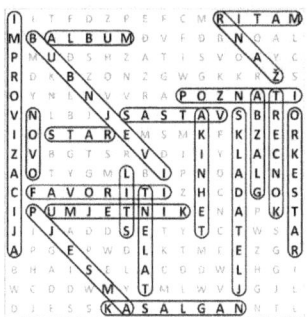

98 - Barcos

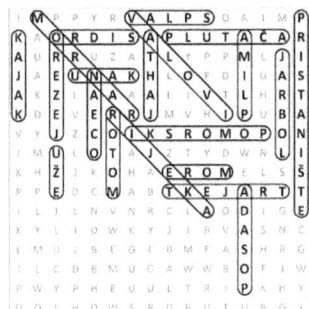

99 - Mamíferos

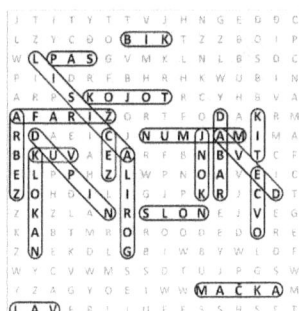

100 - Atividades e Lazer

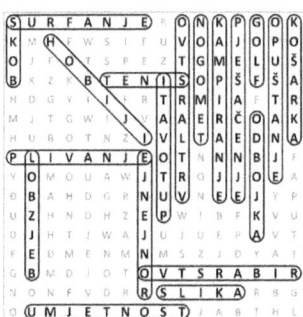

Dicionário

A Empresa
Tvrtka

Apresentação	Prezentacija
Criativo	Kreativni
Decisão	Odluka
Emprego	Zapošljavanje
Global	Globalno
Indústria	Industrija
Inovador	Inovativan
Investimento	Ulaganje
Negócio	Poslovanje
Possibilidade	Mogućnost
Produto	Proizvod
Progresso	Napredak
Qualidade	Kvaliteta
Receita	Prihod
Recursos	Resursi
Reputação	Ugled
Riscos	Rizici
Tendências	Trendovi
Unidades	Jedinice

A Mídia
Mediji

Atitudes	Stavovi
Comercial	Trgovački
Comunicação	Komunikacija
Digital	Digitalni
Edição	Izdanje
Educação	Obrazovanje
Fatos	Činjenice
Financiamento	Financiranje
Fotos	Fotografije
Imagens	Slike
Indústria	Industrija
Intelectual	Intelektualac
Jornais	Novine
Local	Lokalni
Online	Na Liniji
Opinião	Mišljenje
Público	Javnost
Rádio	Radio
Rede	Mreža
Televisão	Televizija

Abelhas
Pčele

Asas	Krila
Benéfico	Korisno
Cera	Vosak
Colmeia	Košnica
Diversidade	Raznolikost
Ecossistema	Ekosustav
Enxame	Roj
Flor	Cvijet
Flores	Cvijeće
Fruta	Voće
Fumaça	Dim
Habitat	Stanište
Inseto	Kukac
Jardim	Vrt
Mel	Med
Plantas	Bilje
Pólen	Pelud
Rainha	Kraljica
Sol	Sunce

Acampamento
Kampiranje

Animais	Životinje
Aventura	Avantura
Árvores	Drveća
Bússola	Kompas
Cabine	Kabina
Caça	Lov
Canoa	Kanu
Chapéu	Šešir
Corda	Uže
Equipamento	Oprema
Floresta	Šuma
Fogo	Vatra
Inseto	Kukac
Lago	Jezero
Lua	Mjesec
Maca	Viseća
Mapa	Karta
Montanha	Planina
Natureza	Priroda
Tenda	Šator

Adjetivos #1
Pridjevi № 1

Absoluto	Apsolutan
Aromático	Aromatski
Artístico	Umjetnički
Atraente	Atraktivan
Enorme	Ogroman
Escuro	Mrak
Exótico	Egzotično
Fino	Tanak
Generoso	Velikodušan
Grande	Veliki
Honesto	Iskren
Idêntico	Identičan
Importante	Važno
Lento	Usporiti
Misterioso	Tajanstveni
Moderno	Moderan
Perfeito	Savršen
Pesado	Teška
Sério	Ozbiljan
Valioso	Vrijedan

Adjetivos #2
Pridjevi № 2

Autêntico	Autentično
Criativo	Kreativni
Descritivo	Opisni
Dotado	Darovit
Elegante	Elegantan
Famoso	Poznati
Forte	Jak
Interessante	Zanimljiv
Natural	Prirodno
Normal	Normalan
Novo	Novo
Orgulhoso	Ponosan
Produtivo	Produktivni
Puro	Čist
Quente	Vruće
Responsável	Odgovoran
Salgado	Slan
Saudável	Zdrav
Seco	Suho
Selvagem	Divlji

Agronomia
Agronomija

Agricultura	Poljoprivreda
Ambiente	Okoliš
Água	Voda
Ciência	Znanost
Crescimento	Rast
Doenças	Bolesti
Ecologia	Ekologija
Energia	Energija
Erosão	Erozija
Fertilizante	Gnojivo
Legumes	Povrće
Orgânico	Organski
Plantas	Bilje
Poluição	Zagađenje
Produção	Proizvodnja
Rural	Seosko
Sementes	Sjemenke
Sistemas	Sustavi
Solo	Tlo
Sustentável	Održiv

Antártica
Antarktika

Ambiente	Okoliš
Água	Voda
Baía	Zaljev
Científico	Znanstven
Conservação	Konzervacija
Continente	Kontinent
Enseada	Uvala
Expedição	Ekspedicija
Geleiras	Ledenjaci
Gelo	Led
Geografia	Geografija
Ilhas	Otoci
Investigador	Istraživač
Migração	Migracija
Minerais	Minerali
Península	Poluotok
Pinguins	Pingvini
Rochoso	Stjenovita
Temperatura	Temperatura
Topografia	Topografija

Antiguidades
Antikviteti

Arte	Umjetnost
Autêntico	Autentično
Decorativo	Ukrasno
Décadas	Desetljeća
Elegante	Elegantan
Entusiasta	Entuzijasta
Escultura	Skulptura
Estilo	Stil
Galeria	Galerija
Incomum	Neobično
Investimento	Ulaganje
Leilão	Aukcija
Mobiliário	Namještaj
Moedas	Kovanice
Preço	Cijena
Qualidade	Kvaliteta
Restauração	Obnova
Século	Stoljeće
Valor	Vrijednost
Velho	Star

Aquecimento Global
Globalno Zagrijavanje

Agora	Sada
Ambiental	Ekološki
Atenção	Pažnja
Ártico	Arktik
Cientista	Znanstvenik
Clima	Klima
Consequências	Posljedice
Crise	Kriza
Dados	Podaci
Desenvolvimento	Razvoj
Energia	Energija
Futuro	Budućnost
Gás	Plin
Gerações	Generacije
Governo	Vlada
Indústria	Industrija
Internacional	Međunarodni
Legislação	Zakonodavstvo
Populações	Stanovništvo
Temperaturas	Temperature

Arqueologia
Arheologija

Análise	Analiza
Anos	Godine
Avaliação	Evaluacija
Civilização	Civilizacija
Descendente	Potomak
Desconhecido	Nepoznat
Equipe	Tim
Era	Doba
Especialista	Stručnjak
Esquecido	Zaboravio
Fóssil	Fosil
Fragmentos	Fragmenti
Investigador	Istraživač
Mistério	Misterija
Objetos	Objekti
Ossos	Kosti
Professor	Profesor
Relíquia	Relikvija
Templo	Hram
Túmulo	Grob

Astronomia
Astronomija

Asteróide	Asteroid
Astronauta	Astronaut
Astrônomo	Astronom
Céu	Nebo
Constelação	Konstelacija
Cosmos	Kozmos
Eclipse	Pomrčina
Equinócio	Ekvinocija
Foguete	Raketa
Gravidade	Gravitacija
Lua	Mjesec
Meteoro	Meteor
Nebulosa	Maglica
Observatório	Zvjezdarnica
Planeta	Planeta
Radiação	Zračenje
Solar	Sunčano
Supernova	Supernova
Terra	Zemlja
Universo	Svemir

Atividades e Lazer
Zabava i Slobodno Vrijeme

Acampamento	Kampiranje
Arte	Umjetnost
Basquete	Košarka
Beisebol	Bejzbol
Boxe	Boks
Caminhada	Pješačenje
Futebol	Nogomet
Golfe	Golf
Hobbies	Hobiji
Jardinagem	Vrtlarstvo
Mergulho	Ronjenje
Natação	Plivanje
Pesca	Ribarstvo
Pintura	Slika
Relaxante	Opuštanje
Surfe	Surfanje
Tênis	Tenis
Viagem	Putovati
Voleibol	Odbojka

Aventura
Avantura

Alegria	Radost
Amigos	Prijatelji
Atividade	Aktivnost
Beleza	Ljepota
Bravura	Hrabrost
Chance	Prilika
Desafios	Izazovi
Destino	Odredište
Dificuldade	Teškoća
Entusiasmo	Entuzijazam
Excursão	Izlet
Incomum	Neobično
Itinerário	Itinerar
Natureza	Priroda
Navegação	Navigacija
Novo	Novo
Perigoso	Opasno
Preparação	Priprema
Segurança	Sigurnost
Surpreendente	Iznenađujući

Aviões
Zrakoplovi

Altura	Visina
Ar	Zrak
Aterrissagem	Slijetanje
Atmosfera	Atmosfera
Aventura	Avantura
Balão	Balon
Céu	Nebo
Combustível	Gorivo
Construção	Izgradnja
Descida	Silazak
Direção	Smjer
Hidrogênio	Vodik
História	Povijest
Inflar	Napuhati
Motor	Motor
Passageiro	Putnik
Piloto	Pilot
Tempo	Vrijeme
Tripulação	Posada
Turbulência	Turbulencija

Álgebra
Algebra

Diagrama	Dijagram
Divisão	Podjela
Equação	Jednadžba
Expoente	Eksponent
Falso	Lažno
Fator	Faktor
Fórmula	Formula
Fração	Frakcija
Infinito	Beskonačno
Linear	Linearni
Matriz	Matrica
Número	Broj
Parêntese	Zagrada
Problema	Problem
Quantidade	Količina
Solução	Rješenje
Soma	Suma
Subtração	Oduzimanje
Variável	Varijabla
Zero	Nula

Balé
Balet

Aplauso	Pljesak
Artístico	Umjetnički
Bailarina	Balerina
Compositor	Skladatelj
Coreografia	Koreografija
Dançarinos	Plesači
Ensaio	Proba
Estilo	Stil
Expressivo	Izražajan
Gesto	Gesta
Gracioso	Graciozan
Habilidade	Vještina
Intensidade	Intenzitet
Música	Glazba
Orquestra	Orkestar
Prática	Praksa
Público	Publika
Ritmo	Ritam
Solo	Solo
Técnica	Tehnika

Barcos
Brodovi

Âncora	Sidro
Balsa	Trajekt
Bóia	Plutača
Caiaque	Kajak
Canoa	Kanu
Corda	Uže
Doca	Pristanište
Iate	Jahta
Jangada	Splav
Lago	Jezero
Mar	More
Maré	Plima
Marinheiro	Mornar
Mastro	Jarbol
Motor	Motor
Náutico	Pomorski
Oceano	Ocean
Ondas	Valovi
Rio	Rijeka
Tripulação	Posada

Beleza
Ljepota

Batom	Ruž
Cachos	Kovrče
Charme	Šarm
Cor	Boja
Cosméticos	Kozmetika
Elegante	Elegantan
Elegância	Elegancija
Espelho	Ogledalo
Estilista	Stilist
Fotogênico	Fotogeničan
Fragrância	Miris
Graça	Milost
Maquiagem	Šminka
Óleos	Ulja
Pele	Koža
Produtos	Proizvodi
Rímel	Maskara
Serviços	Usluge
Tesoura	Škare
Xampu	Šampon

Biologia
Biologija

Anatomia	Anatomija
Bactérias	Bakterije
Célula	Ćelija
Colagénio	Kolagena
Cromossoma	Kromosom
Embrião	Embrija
Enzima	Enzim
Evolução	Evolucija
Fotossíntese	Fotosinteza
Hormona	Hormon
Mamífero	Sisavac
Mutação	Mutacija
Natural	Prirodno
Nervo	Živac
Neurônio	Neuron
Osmose	Osmoza
Proteína	Bjelančevina
Réptil	Gmaz
Simbiose	Simbioza
Sinapse	Sinapsa

Café
Kava

Açúcar	Šećer
Amargo	Gorak
Aroma	Aroma
Assado	Pržena
Água	Voda
Bebida	Piće
Cafeína	Kofein
Copa	Šalica
Creme	Krema
Filtro	Filtar
Leite	Mlijeko
Líquido	Tekućina
Manhã	Jutro
Moer	Samljeti
Origem	Podrijetlo
Preço	Cijena
Preto	Crna
Sabor	Okus
Variedade	Raznolikost

Caminhada
Planinarenje

Acampamento	Kampiranje
Animais	Životinje
Água	Voda
Botas	Čizme
Cansado	Umorni
Clima	Klima
Guias	Vodiči
Mapa	Karta
Montanha	Planina
Natureza	Priroda
Orientação	Orijentacija
Parques	Parkovi
Pedras	Kamenje
Penhasco	Litica
Perigos	Opasnosti
Pesado	Teška
Preparação	Priprema
Selvagem	Divlji
Sol	Sunce
Tempo	Vrijeme

Casa
Kuća

Biblioteca	Knjižnica
Cerca	Ograda
Chaves	Tipke
Chuveiro	Tuš
Cortinas	Zavjese
Cozinha	Kuhinja
Espelho	Ogledalo
Garagem	Garaža
Janela	Prozor
Jardim	Vrt
Lareira	Kamin
Mobiliário	Namještaj
Parede	Zid
Porta	Vrata
Quarto	Soba
Sótão	Potkrovlje
Tapete	Tepih
Teto	Strop
Torneira	Slavina
Vassoura	Metla

Chocolate
Čokolada

Açúcar	Šećer
Amargo	Gorak
Amendoins	Kikiriki
Aroma	Aroma
Artesanal	Zanatski
Cacau	Kakao
Calorias	Kalorije
Caramelo	Karamela
Coco	Kokos
Comer	Jesti
Delicioso	Ukusno
Doce	Slatko
Exótico	Egzotično
Favorito	Omiljeni
Gosto	Ukus
Ingrediente	Sastojak
Pó	Prah
Qualidade	Kvaliteta
Receita	Recept
Sabor	Okus

Churrascos
Roštilji

Almoço	Ručak
Convite	Poziv
Crianças	Djeca
Facas	Noževi
Família	Obitelj
Fome	Glad
Frango	Piletina
Fruta	Voće
Grelha	Roštilj
Jantar	Večera
Jogos	Igre
Legumes	Povrće
Molho	Umak
Música	Glazba
Pimenta	Papar
Quente	Vruće
Sal	Sol
Saladas	Salate
Tomates	Rajčice
Verão	Ljeto

Cidade
Grad

Aeroporto	Zračna Luka
Banco	Banka
Biblioteca	Knjižnica
Cinema	Kino
Escola	Škola
Estádio	Stadion
Farmácia	Ljekarna
Florista	Cvjećar
Galeria	Galerija
Hotel	Hotel
Jardim Zoológico	Zoološki Vrt
Livraria	Knjižara
Mercado	Tržište
Museu	Muzej
Padaria	Pekara
Restaurante	Restoran
Salão	Salon
Supermercado	Supermarket
Teatro	Kazalište
Universidade	Sveučilište

Ciência
Znanost

Átomo	Atom
Cientista	Znanstvenik
Clima	Klima
Dados	Podaci
Evolução	Evolucija
Fato	Činjenica
Física	Fizika
Fóssil	Fosil
Gravidade	Gravitacija
Hipótese	Hipoteza
Laboratório	Laboratorij
Método	Metoda
Minerais	Minerali
Moléculas	Molekule
Natureza	Priroda
Observação	Promatranje
Organismo	Organizam
Partículas	Čestice
Plantas	Bilje
Químico	Kemijski

Clima
Vrijeme

Arco-Íris	Duga
Atmosfera	Atmosfera
Brisa	Povjetarac
Céu	Nebo
Clima	Klima
Furacão	Uragan
Gelo	Led
Monção	Monsun
Nevoeiro	Magla
Nuvem	Oblak
Polar	Polarni
Relâmpago	Munja
Seca	Suša
Seco	Suho
Temperatura	Temperatura
Tempestade	Oluja
Tornado	Tornado
Tropical	Tropski
Trovão	Grmljavina
Vento	Vjetar

Comida # 2
Hrana # 2

Alcachofra	Artičoka
Amêndoa	Badem
Arroz	Riža
Banana	Banana
Beringela	Patlidžan
Brócolis	Brokula
Cereja	Trešnja
Chocolate	Čokolada
Cogumelo	Gljiva
Frango	Piletina
Iogurte	Jogurt
Kiwi	Kivi
Maçã	Jabuka
Ovo	Jaje
Peixe	Riba
Presunto	Šunka
Queijo	Sir
Tomate	Rajčica
Trigo	Pšenica
Uva	Grožđe

Comida #1
Hrana # 1

Açúcar	Šećer
Alho	Češnjak
Amendoim	Kikiriki
Atum	Tuna
Bolo	Torta
Canela	Cimet
Cebola	Luk
Cenoura	Mrkva
Cevada	Ječam
Damasco	Marelica
Espinafre	Špinat
Leite	Mlijeko
Limão	Limun
Manjericão	Bosiljak
Morango	Jagoda
Nabo	Repa
Sal	Sol
Salada	Salata
Sopa	Juha
Suco	Sok

Corpo Humano
Ljudsko Tijelo

Boca	Usta
Cabeça	Glava
Cérebro	Mozak
Coração	Srce
Cotovelo	Lakat
Dedo	Prst
Joelho	Koljeno
Mandíbula	Čeljust
Mão	Ruka
Nariz	Nos
Olho	Oko
Ombro	Rame
Orelha	Uho
Pele	Koža
Perna	Noga
Pescoço	Vrat
Queixo	Brada
Sangue	Krv
Testa	Čelo
Tornozelo	Gležanj

Criatividade
Kreativnost

Artístico	Umjetnički
Autenticidade	Autentičnost
Clareza	Jasnoća
Dramático	Dramatičan
Emoções	Emocije
Espontânea	Spontano
Expressão	Izraz
Fluidez	Fluidnost
Habilidade	Vještina
Imagem	Slika
Imaginação	Mašta
Impressão	Dojam
Inspiração	Inspiracija
Intensidade	Intenzitet
Intuição	Intuicija
Inventivo	Inventivni
Sensação	Osjećaj
Sentimentos	Osjećaje
Visões	Vizije
Vitalidade	Vitalnost

Dança
Ples

Academia	Akademija
Alegre	Radostan
Arte	Umjetnost
Clássico	Klasični
Coreografia	Koreografija
Corpo	Tijelo
Cultura	Kultura
Cultural	Kulturni
Emoção	Emocija
Ensaio	Proba
Expressivo	Izražajan
Graça	Milost
Movimento	Pokret
Música	Glazba
Parceiro	Partner
Postura	Držanje
Ritmo	Ritam
Saltar	Skok
Tradicional	Tradicionalan
Visual	Vidni

Dias e Meses
Dani i Mjeseci

Abril	Travanj
Agosto	Kolovoz
Ano	Godina
Calendário	Kalendar
Dezembro	Prosinac
Domingo	Nedjelja
Fevereiro	Veljača
Janeiro	Siječanj
Julho	Srpanj
Junho	Lipanj
Mês	Mjesec
Novembro	Studeni
Outubro	Listopad
Quinta-Feira	Četvrtak
Sábado	Subota
Segunda-Feira	Ponedjeljak
Semana	Tjedan
Setembro	Rujan
Sexta-Feira	Petak
Terça	Utorak

Diplomacia
Diplomacija

Campanhas	Kampanje
Cidadãos	Građani
Comunidade	Zajednica
Conflito	Sukob
Consultor	Savjetnik
Cooperação	Suradnja
Diplomático	Diplomatski
Discussão	Rasprava
Embaixador	Ambasador
Ética	Etika
Governo	Vlada
Humanitário	Humanitarni
Integridade	Integritet
Justiça	Pravda
Línguas	Jezici
Política	Politika
Resolução	Odluka
Segurança	Sigurnost
Solução	Rješenje
Tratado	Ugovor

Dirigindo
Vožnja

Acidente	Nesreća
Carro	Automobil
Combustível	Gorivo
Cuidado	Oprez
Estrada	Cesta
Freios	Kočnice
Garagem	Garaža
Gás	Plin
Licença	Licenca
Mapa	Karta
Motocicleta	Motocikl
Motor	Motor
Pedestre	Pješak
Perigo	Opasnost
Polícia	Policija
Rua	Ulica
Segurança	Sigurnost
Transporte	Prijevoz
Tráfego	Promet
Túnel	Tunel

Disciplinas Científicas
Znanstvene Discipline

Anatomia	Anatomija
Arqueologia	Arheologija
Astronomia	Astronomija
Biologia	Biologija
Bioquímica	Biokemija
Botânica	Botanika
Cinesiologia	Kineziologija
Ecologia	Ekologija
Fisiologia	Fiziologija
Geologia	Geologija
Imunologia	Imunologija
Linguística	Lingvistika
Meteorologia	Meteorologija
Mineralogia	Mineralogija
Neurologia	Neurologija
Psicologia	Psihologija
Química	Kemija
Sociologia	Sociologija
Termodinâmica	Termodinamika
Zoologia	Zoologija

Doença
Bolesti

Agudo	Akutan
Alergias	Alergije
Bacteriano	Bakterijski
Contagioso	Zarazan
Coração	Srce
Corpo	Tijelo
Crônica	Kroničan
Fraco	Slab
Genético	Genetski
Hereditário	Nasljedno
Imunidade	Imunitet
Inflamação	Upala
Neuropatia	Neuropatija
Ossos	Kosti
Patógenos	Patogena
Pulmonar	Plućni
Respiratório	Dišni
Saúde	Zdravlje
Síndrome	Sindrom
Terapia	Terapija

Ecologia
Ekologija

Clima	Klima
Comunidades	Zajednice
Diversidade	Raznolikost
Espécies	Vrsta
Fauna	Fauna
Flora	Flora
Global	Globalno
Habitat	Stanište
Marinho	Pomorski
Montanhas	Planine
Natural	Prirodno
Natureza	Priroda
Pântano	Močvara
Plantas	Bilje
Recursos	Resursi
Seca	Suša
Sobrevivência	Opstanak
Sustentável	Održiv
Vegetação	Vegetacija
Voluntários	Volonteri

Edifícios
Građevine

Apartamento	Stan
Cabine	Kabina
Castelo	Dvorac
Celeiro	Staja
Cinema	Kino
Escola	Škola
Estádio	Stadion
Fazenda	Farma
Fábrica	Tvornica
Garagem	Garaža
Hospital	Bolnica
Hotel	Hotel
Laboratório	Laboratorij
Museu	Muzej
Observatório	Zvjezdarnica
Supermercado	Supermarket
Teatro	Kazalište
Tenda	Šator
Torre	Toranj
Universidade	Sveučilište

Energia
Energija

Ambiente	Okoliš
Bateria	Baterija
Calor	Toplina
Carbono	Ugljik
Combustível	Gorivo
Diesel	Dizel
Elétrico	Električni
Elétron	Elektron
Entropia	Entropija
Fóton	Foton
Gasolina	Benzin
Hidrogênio	Vodik
Indústria	Industrija
Motor	Motor
Nuclear	Nuklearni
Poluição	Zagađenje
Renovável	Obnovljiv
Sol	Sunce
Turbina	Turbina
Vento	Vjetar

Engenharia
Inženjerska Umjetnost

Atrito	Trenje
Ângulo	Kut
Cálculo	Izračun
Construção	Izgradnja
Diagrama	Dijagram
Diâmetro	Promjer
Diesel	Dizel
Dimensões	Dimenzije
Distribuição	Distribucija
Eixo	Os
Energia	Energija
Estabilidade	Stabilnost
Estrutura	Struktura
Força	Snaga
Líquido	Tekućina
Máquina	Stroj
Medição	Mjerenje
Motor	Motor
Profundidade	Dubina
Propulsão	Pogon

Especiarias
Začini

Açafrão	Šafran
Alcaçuz	Slatki
Alho	Češnjak
Amargo	Gorak
Anis	Anis
Azedo	Kiselo
Baunilha	Vanilija
Canela	Cimet
Cardamomo	Kardamom
Caril	Curry
Cebola	Luk
Coentro	Korijander
Cominho	Kumin
Doce	Slatko
Funcho	Komorač
Gengibre	Đumbir
Páprica	Paprika
Pimenta	Papar
Sabor	Okus
Sal	Sol

Esporte
Sport

Alongamento	Istezanje
Atleta	Sportaš
Capacidade	Sposobnost
Ciclismo	Biciklizam
Corpo	Tijelo
Dançando	Ples
Dieta	Dijeta
Esportes	Sportski
Força	Snaga
Jogging	Jogging
Maximizar	Maksimizirati
Metabólico	Metabolički
Músculos	Mišići
Nutrição	Ishrana
Objetivo	Cilj
Ossos	Kosti
Programa	Program
Resistência	Izdržljivost
Saúde	Zdravlje
Treinador	Trener

Família
Obitelj

Antepassado	Predak
Avó	Baka
Criança	Dijete
Crianças	Djeca
Esposa	Supruga
Filha	Kći
Infância	Djetinjstvo
Irmã	Sestra
Irmão	Brat
Marido	Muž
Materno	Majčinski
Mãe	Majka
Neto	Unuk
Pai	Otac
Paterno	Očinski
Primo	Rođak
Sobrinha	Nećakinja
Sobrinho	Nećak
Tia	Tetka
Tio	Ujak

Fazenda #1
Farma Broj 1

Abelha	Pčela
Agricultura	Poljoprivreda
Arroz	Riža
Água	Voda
Bezerro	Tele
Burro	Magarac
Cabra	Koza
Campo	Polje
Cavalo	Konj
Cão	Pas
Cerca	Ograda
Corvo	Vrana
Feno	Sijeno
Fertilizante	Gnojivo
Frango	Piletina
Gato	Mačka
Mel	Med
Porco	Svinja
Rebanho	Stado
Vaca	Krava

Fazenda #2
Farma № 2

Animais	Životinje
Celeiro	Staja
Cevada	Ječam
Colmeia	Košnica
Cordeiro	Janjetina
Fruta	Voće
Ganso	Guske
Irrigação	Navodnjavanje
Leite	Mlijeko
Lhama	Lame
Maduro	Zrelo
Milho	Kukuruz
Ovelha	Ovce
Pastor	Pastir
Pato	Patka
Pomar	Voćnjak
Prado	Livada
Trator	Traktor
Trigo	Pšenica
Vegetal	Povrće

Férias #2
Odmor № 2

Acampamento	Kampiranje
Aeroporto	Zračna Luka
Destino	Odredište
Estrangeiro	Stranac
Feriado	Odmor
Fotos	Fotografije
Hotel	Hotel
Ilha	Otok
Mapa	Karta
Mar	More
Montanhas	Planine
Passaporte	Putovnica
Praia	Plaža
Reservas	Rezervacije
Restaurante	Restoran
Táxi	Taksi
Tenda	Šator
Transporte	Prijevoz
Viagem	Putovanje
Visto	Viza

Ficção Científica
Znanstvena Fantastika

Atómico	Atomski
Cinema	Kino
Distopia	Distopija
Explosão	Eksplozija
Extremo	Krajnost
Fantástico	Fantastičan
Fogo	Vatra
Futurista	Futuristički
Galáxia	Galaksija
Ilusão	Iluzija
Imaginário	Zamišljen
Livros	Knjige
Misterioso	Tajanstveni
Mundo	Svijet
Oráculo	Proročište
Planeta	Planeta
Realista	Realno
Robôs	Roboti
Tecnologia	Tehnologija
Utopia	Utopija

Filantropia
Filantropija

Comunidade	Zajednica
Contatos	Kontakti
Crianças	Djeca
Desafios	Izazovi
Finança	Financije
Fundos	Fondovi
Generosidade	Velikodušnost
Global	Globalno
Grupos	Grupe
História	Povijest
Honestidade	Iskrenost
Humanidade	Čovječanstvo
Juventude	Mladost
Missão	Misija
Necessidade	Potreba
Objetivos	Ciljevi
Pessoas	Narod
Programas	Programi
Público	Javnost

Física
Fizika

Aceleração	Ubrzanje
Átomo	Atom
Caos	Kaos
Densidade	Gustoća
Elétron	Elektron
Fórmula	Formula
Frequência	Frekvencija
Gás	Plin
Gravidade	Gravitacija
Magnetismo	Magnetizam
Massa	Masa
Mecânica	Mehanika
Molécula	Molekula
Motor	Motor
Nuclear	Nuklearni
Partícula	Čestica
Químico	Kemijski
Relatividade	Relativnost
Universal	Univerzalan
Velocidade	Brzina

Flores
Cvijeće

Buquê	Buket
Dente-De-Leão	Maslačak
Gardênia	Gardenija
Girassol	Suncokret
Hibisco	Hibiskus
Jasmim	Jasmin
Lavanda	Lavanda
Lilás	Lila
Lírio	Ljiljan
Magnólia	Magnolija
Margarida	Tratinčica
Narciso	Narcis
Orquídea	Orhideja
Papoula	Mak
Peônia	Božur
Pétala	Latica
Plumeria	Plumerija
Rosa	Ruža
Trevo	Djetelina
Tulipa	Tulipan

Floresta Tropical
Prašuma

Anfíbios	Vodozemci
Botânico	Botanički
Clima	Klima
Comunidade	Zajednica
Diversidade	Raznolikost
Espécies	Vrsta
Indígena	Autohtono
Insetos	Kukci
Mamíferos	Sisavci
Musgo	Mahovina
Natureza	Priroda
Nuvens	Oblaci
Pássaros	Ptice
Preservação	Očuvanje
Refúgio	Utočište
Respeito	Poštovanje
Restauração	Obnova
Selva	Džungla
Sobrevivência	Opstanak
Valioso	Vrijedan

Força e Gravidade
Snaga i Gravitacija

Atrito	Trenje
Centro	Centar
Descoberta	Otkriće
Dinâmico	Dinamičan
Distância	Udaljenost
Eixo	Os
Expansão	Proširenje
Física	Fizika
Impacto	Udarac
Magnetismo	Magnetizam
Mecânica	Mehanika
Movimento	Pokret
Órbita	Orbita
Peso	Težina
Planetas	Planete
Pressão	Pritisak
Propriedades	Svojstva
Rapidez	Brzina
Tempo	Vrijeme
Universal	Univerzalan

Formas
Obrasci

Arco	Luk
Canto	Kut
Cilindro	Cilindar
Círculo	Krug
Cone	Konus
Cubo	Kocka
Curva	Krivulja
Elipse	Elipsa
Esfera	Sfera
Hipérbole	Hiperbola
Lado	Strana
Linha	Crta
Oval	Ovalan
Pirâmide	Piramida
Polígono	Poligon
Prisma	Prizma
Quadrado	Kvadrat
Retângulo	Pravokutnik
Triângulo	Trokut

Frutas
Voće

Abacate	Avokado
Abacaxi	Ananas
Amora	Kupina
Baga	Bobica
Banana	Banana
Cereja	Trešnja
Coco	Kokos
Damasco	Marelica
Figo	Smokva
Framboesa	Malina
Goiaba	Guava
Kiwi	Kivi
Laranja	Naranča
Limão	Limun
Maçã	Jabuka
Mamão	Papaja
Manga	Mango
Pera	Kruška
Pêssego	Breskva
Uva	Grožđe

Geografia
Geografija

Altitude	Visina
Atlas	Atlas
Cidade	Grad
Continente	Kontinent
Hemisfério	Hemisfera
Ilha	Otok
Latitude	Širina
Mapa	Karta
Mar	More
Meridiano	Meridijan
Montanha	Planina
Mundo	Svijet
Norte	Sjever
Oceano	Ocean
Oeste	Zapad
País	Zemlja
Região	Regija
Rio	Rijeka
Sul	Jug
Território	Područje

Geologia
Geologija

Ácido	Kiselina
Camada	Sloj
Caverna	Kaverna
Cálcio	Kalcij
Continente	Kontinent
Coral	Koralja
Cristais	Kristali
Erosão	Erozija
Estalactite	Stalaktit
Estalagmites	Stalagmiti
Fóssil	Fosil
Lava	Lava
Minerais	Minerali
Pedra	Kamen
Platô	Plato
Quartzo	Kvarc
Sal	Sol
Terremoto	Potres
Vulcão	Vulkan
Zona	Zona

Geometria
Geometrija

Altura	Visina
Ângulo	Kut
Cálculo	Izračun
Círculo	Krug
Curva	Krivulja
Diâmetro	Promjer
Dimensão	Dimenzija
Equação	Jednadžba
Horizontal	Vodoravan
Lógica	Logika
Massa	Masa
Mediana	Medijan
Paralelo	Paralelno
Proporção	Proporcija
Segmento	Segment
Simetria	Simetrija
Superfície	Površina
Teoria	Teorija
Triângulo	Trokut
Vertical	Okomit

Governo
Vlada

Cidadania	Državljanstvo
Civil	Građanski
Constituição	Ustav
Democracia	Demokracija
Discurso	Govor
Discussão	Rasprava
Distrito	Okrug
Estado	Država
Igualdade	Jednakost
Independência	Nezavisnost
Judicial	Sudski
Justiça	Pravda
Lei	Zakon
Liberdade	Sloboda
Líder	Vođa
Monumento	Spomenik
Nação	Narod
Pacífico	Mirno
Política	Politika
Símbolo	Simbol

Herbalismo
Herbalizam

Açafrão	Šafran
Alecrim	Ružmarin
Alho	Češnjak
Aromático	Aromatski
Benéfico	Korisno
Coentro	Korijander
Estragão	Dragulj
Flor	Cvijet
Funcho	Komorač
Ingrediente	Sastojak
Jardim	Vrt
Lavanda	Lavanda
Manjericão	Bosiljak
Manjerona	Mažuran
Planta	Biljka
Qualidade	Kvaliteta
Sabor	Okus
Salsa	Peršin
Tomilho	Timijan
Verde	Zelen

Imigração
Imigracija

Administração	Uprava
Adultos	Odrasli
Ajuda	Pomoć
Aprovação	Odobrenje
Comunicação	Komunikacija
Crianças	Djeca
Documentos	Dokumenti
Estresse	Stres
Financiamento	Financiranje
Fronteiras	Granice
Habitação	Kućište
Lei	Zakon
Língua	Jezik
Negociação	Pregovaranje
Oficial	Časnik
Prazo	Rok
Processo	Proces
Proteção	Zaštita
Situação	Situacija
Solução	Rješenje

Instrumentos Musicais
Glazbeni Instrumenti

Bandolim	Mandolina
Banjo	Bendžo
Clarinete	Klarinet
Fagote	Fagot
Flauta	Flauta
Gaita	Harmonika
Gongo	Gong
Harpa	Harfa
Marimba	Marimba
Oboé	Oboa
Pandeiro	Tamburaški
Percussão	Udaraljke
Piano	Klavir
Saxofone	Saksofon
Tambor	Bubanj
Trombone	Trombon
Trompete	Truba
Violão	Gitara
Violino	Violina
Violoncelo	Violončelo

Jardim
Vrt

Ancinho	Grablje
Arbusto	Grm
Árvore	Drvo
Banco	Klupa
Cerca	Ograda
Flor	Cvijet
Garagem	Garaža
Grama	Trava
Gramado	Travnjak
Jardim	Vrt
Lagoa	Ribnjak
Maca	Viseća
Mangueira	Crijevo
Pá	Lopata
Pomar	Voćnjak
Solo	Tlo
Terraço	Terasa
Trampolim	Trampolin
Varanda	Trijem
Videira	Loza

Jardinagem
Vrtlarstvo

Água	Voda
Botânico	Botanički
Buquê	Buket
Clima	Klima
Comestível	Jestivo
Composto	Kompost
Espécies	Vrsta
Exótico	Egzotično
Flor	Cvijet
Floral	Cvjetni
Folha	List
Folhagem	Lišće
Mangueira	Crijevo
Pomar	Voćnjak
Recipiente	Kontejner
Sazonal	Sezonski
Sementes	Sjemenke
Solo	Tlo
Sujeira	Prljavština
Umidade	Vlaga

Jazz
Jazz

Artista	Umjetnik
Álbum	Album
Bateria	Bubnjevi
Canção	Pjesma
Composição	Sastav
Compositor	Skladatelj
Concerto	Koncert
Estilo	Stil
Ênfase	Naglasak
Famoso	Poznati
Favoritos	Favoriti
Gênero	Žanr
Improvisação	Improvizacija
Música	Glazba
Novo	Novo
Orquestra	Orkestar
Ritmo	Ritam
Talento	Talent
Técnica	Tehnika
Velho	Star

Literatura
Književnost

Analogia	Analogija
Análise	Analiza
Anedota	Anegdota
Autor	Autor
Biografia	Biografija
Comparação	Usporedba
Conclusão	Zaključak
Descrição	Opis
Diálogo	Dijalog
Estilo	Stil
Ficção	Fikcija
Metáfora	Metafora
Narrador	Pripovjedač
Opinião	Mišljenje
Poema	Pjesma
Rima	Rima
Ritmo	Ritam
Romance	Roman
Tema	Tema
Tragédia	Tragedija

Livros
Knjige

Autor	Autor
Aventura	Avantura
Coleção	Zbirka
Contexto	Kontekst
Dualidade	Dualnost
Escrito	Napisan
Épico	Ep
História	Priča
Histórico	Povijesni
Inventivo	Inventivni
Leitor	Čitač
Literário	Literarni
Narrador	Pripovjedač
Página	Stranica
Poema	Pjesma
Poesia	Poezija
Relevante	Relevantan
Romance	Roman
Série	Serija
Trágico	Tragično

Mamíferos
Sisavci

Baleia	Kit
Camelo	Deva
Canguru	Klokan
Castor	Dabar
Cavalo	Konj
Cão	Pas
Coelho	Zec
Coiote	Kojot
Elefante	Slon
Gato	Mačka
Girafa	Žirafa
Golfinho	Dupin
Gorila	Gorila
Leão	Lav
Lobo	Vuk
Macaco	Majmun
Ovelha	Ovce
Raposa	Lisica
Touro	Bik
Zebra	Zebra

Matemática
Matematika

Aritmética	Aritmetika
Ângulos	Kutovi
Circunferência	Opseg
Decimal	Decimala
Diâmetro	Promjer
Equação	Jednadžba
Expoente	Eksponent
Fração	Frakcija
Geometria	Geometrija
Paralelo	Paralelno
Paralelogramo	Paralelogram
Perímetro	Perimetar
Perpendicular	Okomica
Polígono	Poligon
Raio	Radijus
Retângulo	Pravokutnik
Simetria	Simetrija
Soma	Suma
Triângulo	Trokut
Volume	Volumen

Medições
Mjerenja

Altura	Visina
Byte	Bajt
Centímetro	Centimetar
Comprimento	Dužina
Decimal	Decimala
Grama	Gram
Grau	Stupanj
Largura	Širina
Litro	Litra
Massa	Masa
Metro	Metar
Minuto	Minuta
Onça	Unca
Peso	Težina
Polegada	Inč
Profundidade	Dubina
Quilograma	Kilogram
Quilômetro	Kilometar
Tonelada	Tona
Volume	Volumen

Meditação
Meditacija

Aceitação	Prihvaćanje
Acordado	Budan
Atenção	Pažnja
Bondade	Ljubaznost
Clareza	Jasnoća
Compaixão	Suosjećanje
Emoções	Emocije
Ensinamentos	Učenja
Gratidão	Zahvalnost
Mental	Mentalno
Mente	Um
Movimento	Pokret
Música	Glazba
Natureza	Priroda
Observação	Promatranje
Paz	Mir
Pensamentos	Misli
Perspectiva	Perspektiva
Postura	Držanje
Silêncio	Tišina

Mitologia
Mitologija

Arquétipo	Arhetip
Ciúmes	Ljubomora
Comportamento	Ponašanje
Criação	Stvaranje
Criatura	Stvorenje
Cultura	Kultura
Desastre	Katastrofa
Força	Snaga
Guerreiro	Ratnik
Heroína	Junakinja
Herói	Junak
Imortalidade	Besmrtnost
Labirinto	Labirint
Lenda	Legenda
Mágico	Čarobni
Monstro	Čudovište
Mortal	Smrtnik
Relâmpago	Munja
Trovão	Grmljavina
Vingança	Osveta

Música
Glazba, Muzika

Álbum	Album
Balada	Balada
Cantar	Pjevati
Cantor	Pjevač
Clássico	Klasični
Coro	Zbor
Gravação	Snimanje
Harmonia	Sklad
Improvisar	Improvizirati
Instrumento	Instrument
Lírico	Lirski
Melodia	Melodija
Microfone	Mikrofon
Musical	Mjuzikl
Músico	Glazbenik
Ópera	Opera
Poético	Pjesnički
Ritmo	Ritam
Tempo	Tempo
Vocal	Vokalni

Natureza
Priroda

Abelhas	Pčele
Abrigo	Sklonište
Animais	Životinje
Ártico	Arktik
Beleza	Ljepota
Deserto	Pustinja
Dinâmico	Dinamičan
Erosão	Erozija
Floresta	Šuma
Folhagem	Lišće
Geleira	Ledenjak
Nevoeiro	Magla
Nuvens	Oblaci
Pacífico	Mirno
Rio	Rijeka
Santuário	Svetište
Selvagem	Divlji
Sereno	Spokojan
Tropical	Tropski
Vital	Bitan

Negócios
Poslovanje

Carreira	Karijera
Custo	Trošak
Desconto	Popust
Dinheiro	Novac
Economia	Ekonomija
Empregado	Zaposlenik
Empregador	Poslodavac
Empresa	Tvrtka
Escritório	Ured
Fábrica	Tvornica
Finança	Financije
Impostos	Porezi
Investimento	Ulaganje
Loja	Dućan
Lucro	Dobit
Mercadoria	Roba
Moeda	Valuta
Orçamento	Proračun
Rendimento	Prihod
Venda	Prodaja

Nutrição
Prehrana

Amargo	Gorak
Apetite	Apetit
Calorias	Kalorije
Comestível	Jestivo
Dieta	Dijeta
Digestão	Probava
Equilibrado	Uravnotežen
Fermentação	Vrenje
Ingredientes	Sastojci
Líquidos	Tekućine
Molho	Umak
Nutriente	Hranljiv
Peso	Težina
Proteínas	Proteini
Qualidade	Kvaliteta
Sabor	Okus
Saudável	Zdrav
Saúde	Zdravlje
Toxina	Toksin
Vitamina	Vitamin

Números
Brojevi

Cinco	Pet
Decimal	Decimala
Dez	Deset
Dezesseis	Šesnaest
Dezessete	Sedamnaest
Dezoito	Osamnaest
Dois	Dva
Doze	Dvanaest
Nove	Devet
Oito	Osam
Quatorze	Četrnaest
Quatro	Četiri
Quinze	Petnaest
Seis	Šest
Sete	Sedam
Treze	Trinaest
Três	Tri
Um	Jedan
Vinte	Dvadeset
Zero	Nula

Oceano
Ocean

Alga	Alge
Atum	Tuna
Baleia	Kit
Barco	Čamac
Camarão	Škampi
Caranguejo	Rak
Coral	Koralja
Enguia	Jegulja
Esponja	Spužva
Golfinho	Dupin
Marés	Plime
Medusa	Meduza
Ostra	Kamenica
Peixe	Riba
Polvo	Hobotnica
Recife	Greben
Sal	Sol
Tartaruga	Kornjača
Tempestade	Oluja
Tubarão	Morski Pas

Paisagens
Krajolici

Cascata	Vodopad
Caverna	Špilja
Colina	Brdo
Deserto	Pustinja
Geleira	Ledenjak
Golfo	Zaljev
Iceberg	Ledena
Ilha	Otok
Lago	Jezero
Mar	More
Montanha	Planina
Oásis	Oaza
Oceano	Ocean
Pântano	Močvara
Península	Poluotok
Praia	Plaža
Rio	Rijeka
Tundra	Tundra
Vale	Dolina
Vulcão	Vulkan

Países #1
Zemlje № 1

Alemanha	Njemačka
Brasil	Brazil
Camboja	Kambodža
Canadá	Kanada
Egito	Egipat
Equador	Ekvador
Espanha	Španjolska
Finlândia	Finska
Iraque	Irak
Israel	Izrael
Itália	Italija
Índia	Indija
Mali	Mali
Marrocos	Maroko
Nicarágua	Nikaragva
Noruega	Norveška
Panamá	Panama
Polônia	Poljska
Senegal	Senegal
Venezuela	Venezuela

Países #2
Zemlje № 2

Albânia	Albanija
Dinamarca	Danska
França	Francuska
Grécia	Grčka
Haiti	Haiti
Indonésia	Indonezija
Irlanda	Irska
Jamaica	Jamajka
Japão	Japan
Laos	Laos
Líbano	Libanon
México	Meksiko
Nepal	Nepal
Nigéria	Nigerija
Paquistão	Pakistan
Rússia	Rusija
Síria	Sirija
Somália	Somalija
Ucrânia	Ukrajina
Uganda	Uganda

Pássaros
Ptice

Avestruz	Noj
Águia	Orao
Cegonha	Roda
Cisne	Labud
Corvo	Vrana
Cuco	Kukavica
Flamingo	Flamingo
Frango	Piletina
Gaivota	Galeb
Ganso	Guska
Garça	Čaplja
Ovo	Jaje
Papagaio	Papiga
Pardal	Vrabac
Pato	Patka
Pavão	Paun
Pelicano	Pelikan
Pinguim	Pingvin
Pombo	Golub
Tucano	Toucan

Pesca
Ribarstvo

Água	Voda
Barbatanas	Peraje
Barco	Čamac
Brânquias	Škrge
Cesta	Košara
Cozinhar	Kuhati
Equipamento	Oprema
Exagero	Pretjerivanje
Fio	Žica
Gancho	Kuka
Isca	Mamac
Lago	Jezero
Mandíbula	Čeljust
Oceano	Ocean
Paciência	Strpljenje
Peso	Težina
Praia	Plaža
Rio	Rijeka
Temporada	Sezona

Plantas
Biljke

Arbusto	Grm
Árvore	Drvo
Baga	Bobica
Bambu	Bambus
Botânica	Botanika
Cacto	Kaktus
Feijão	Grah
Fertilizante	Gnojivo
Flor	Cvijet
Flora	Flora
Floresta	Šuma
Folha	List
Folhagem	Lišće
Grama	Trava
Hera	Bršljan
Jardim	Vrt
Musgo	Mahovina
Pétala	Latica
Raiz	Korijen
Vegetação	Vegetacija

Profissões #1
Zanimanja № 1

Advogado	Odvjetnik
Alfaiate	Krojač
Artista	Umjetnik
Astrônomo	Astronom
Atleta	Sportaš
Banqueiro	Bankar
Bombeiro	Vatrogasac
Caçador	Lovac
Cartógrafo	Kartograf
Cientista	Znanstvenik
Dançarino	Plesačica
Editor	Urednik
Embaixador	Ambasador
Geólogo	Geolog
Joalheiro	Zlatar
Marinheiro	Mornar
Músico	Glazbenik
Pianista	Pijanist
Psicólogo	Psiholog
Veterinário	Veterinar

Profissões #2
Zanimanja № 2

Astronauta	Astronaut
Bibliotecário	Knjižničar
Biólogo	Biolog
Cirurgião	Kirurg
Dentista	Zubar
Detetive	Detektiv
Engenheiro	Inženjer
Filósofo	Filozof
Fotógrafo	Fotograf
Ilustrador	Ilustrator
Inventor	Izumitelj
Investigador	Istraživač
Jardineiro	Vrtlar
Jornalista	Novinar
Linguista	Jezikoslovac
Médico	Liječnik
Piloto	Pilot
Pintor	Slikar
Professor	Učitelj
Zoólogo	Zoolog

Psicologia
Psihologija

Avaliação	Procjena
Clínico	Klinički
Cognição	Spoznaja
Comportamento	Ponašanje
Conflito	Sukob
Ego	Ego
Emoções	Emocije
Experiências	Iskustva
Inconsciente	Nesvjesno
Infância	Djetinjstvo
Influências	Utjecaji
Pensamentos	Misli
Percepção	Percepcija
Personalidade	Osobnost
Problema	Problem
Realidade	Stvarnost
Sensação	Osjećaj
Sonhos	Snovi
Terapia	Terapija

Química
Kemija

Ácido	Kiselina
Calor	Toplina
Carbono	Ugljik
Catalisador	Katalizator
Cloro	Klor
Elementos	Elementi
Elétron	Elektron
Enzima	Enzim
Gás	Plin
Hidrogênio	Vodik
Íon	Ion
Líquido	Tekućina
Metais	Metali
Molécula	Molekula
Nuclear	Nuklearni
Orgânico	Organski
Oxigénio	Kisik
Peso	Težina
Sal	Sol
Temperatura	Temperatura

Restaurante # 2
Restoran Broj 2

Almoço	Ručak
Aperitivo	Predjelo
Água	Voda
Bebida	Piće
Bolo	Torta
Cadeira	Stolica
Colher	Žlica
Delicioso	Ukusno
Especiarias	Začini
Fruta	Voće
Garçom	Konobar
Garfo	Vilica
Gelo	Led
Jantar	Večera
Legumes	Povrće
Macarrão	Rezanci
Peixe	Riba
Sal	Sol
Salada	Salata
Sopa	Juha

Restaurante #1
Restoran Broj 1

Alergia	Alergija
Café	Kava
Caixa	Blagajnik
Carne	Meso
Comer	Jesti
Cozinha	Kuhinja
Faca	Nož
Frango	Piletina
Garçonete	Konobarica
Guardanapo	Ubrus
Ingredientes	Sastojci
Menu	Jelovnik
Molho	Umak
Pão	Kruh
Picante	Akutni
Placa	Tanjur
Reserva	Rezervacija
Sobremesa	Desert
Tigela	Zdjela

Roupas
Odjeća

Avental	Pregača
Blusa	Bluza
Calça	Hlače
Camisa	Košulja
Casaco	Kaput
Chapéu	Šešir
Cinto	Pojas
Colar	Ogrlica
Jaqueta	Jakna
Jeans	Traperice
Luvas	Rukavice
Meias	Čarape
Moda	Moda
Pijama	Pidžama
Pulseira	Narukvica
Saia	Suknja
Sandálias	Sandale
Sapato	Cipela
Suéter	Džemper
Vestido	Haljina

Saúde e Bem-Estar #1
Zdravlje i Wellness # 1

Altura	Visina
Ativo	Aktivan
Bactérias	Bakterije
Clínica	Klinika
Doutor	Liječnik
Farmácia	Ljekarna
Fome	Glad
Fratura	Lom
Hábito	Navika
Hormones	Hormoni
Medicina	Lijek
Nervos	Živci
Ossos	Kosti
Pele	Koža
Postura	Držanje
Reflexo	Refleks
Relaxamento	Opuštanje
Terapia	Terapija
Tratamento	Liječenje
Vírus	Virus

Saúde e Bem-Estar #2
Zdravlje i Wellness # 2

Alergia	Alergija
Anatomia	Anatomija
Apetite	Apetit
Caloria	Kalorija
Corpo	Tijelo
Dieta	Dijeta
Digestão	Probava
Doença	Bolest
Energia	Energija
Genética	Genetika
Higiene	Higijena
Hospital	Bolnica
Humor	Raspoloženje
Infecção	Infekcija
Massagem	Masaža
Peso	Težina
Recuperação	Oporavak
Sangue	Krv
Saudável	Zdrav
Vitamina	Vitamin

Tempo
Vrijeme

Agora	Sada
Ano	Godina
Antes	Prije
Anual	Codišnji
Calendário	Kalendar
Década	Desetljeće
Dia	Dan
Futuro	Budućnost
Hoje	Danas
Manhã	Jutro
Meio-Dia	Podne
Mês	Mjesec
Minuto	Minuta
Momento	Trenutak
Noite	Noć
Ontem	Jučer
Passado	Prošlost
Relógio	Sat
Semana	Tjedan
Século	Stoljeće

Tipos de Cabelo
Vrste Kose

Branco	Bijeli
Brilhante	Sjajan
Cachos	Kovrče
Careca	Ćelav
Cinza	Siva
Curto	Kratak
Encaracolado	Kovrčava
Fino	Tanak
Grosso	Debeo
Loiro	Plavuša
Longo	Dugo
Marrom	Smeđ
Ondulado	Valovita
Prata	Srebro
Preto	Crna
Saudável	Zdrav
Seco	Suho
Suave	Mekan
Trançado	Pletena
Tranças	Pletenice

Universo
Svemir

Asteróide	Asteroid
Astronomia	Astronomija
Astrônomo	Astronom
Atmosfera	Atmosfera
Celestial	Nebeski
Céu	Nebo
Cósmico	Kozmički
Equador	Ekvator
Galáxia	Galaksija
Hemisfério	Hemisfera
Horizonte	Horizont
Latitude	Širina
Longitude	Dužina
Lua	Mjesec
Órbita	Orbita
Solar	Sunčano
Solstício	Solsticij
Telescópio	Teleskop
Visível	Vidljiv
Zodíaco	Zodijak

Vegetais
Povrće

Abóbora	Bundeva
Aipo	Celer
Alcachofra	Artičoka
Alho	Češnjak
Batata	Krumpir
Beringela	Patlidžan
Brócolis	Brokula
Cebola	Luk
Cenoura	Mrkva
Chalota	Luk Kozjak
Cogumelo	Gljiva
Ervilha	Grašak
Espinafre	Špinat
Gengibre	Đumbir
Nabo	Repa
Pepino	Krastavac
Rabanete	Rotkvica
Salada	Salata
Salsa	Peršin
Tomate	Rajčica

Veículos
Vozila

Ambulância	Hitna Pomoć
Avião	Zrakoplov
Balsa	Trajekt
Barco	Čamac
Bicicleta	Bicikl
Caminhão	Kamion
Caravana	Karavan
Carro	Automobil
Foguete	Raketa
Furgão	Kombi
Helicóptero	Helikopter
Jangada	Splav
Lambreta	Skuter
Motor	Motor
Ônibus	Autobus
Pneus	Gume
Submarino	Podmornica
Táxi	Taksi
Transporte	Čunak
Trator	Traktor

Xadrez
Šah

Aprender	Učiti
Branco	Bijeli
Campeão	Prvak
Concurso	Natjecanje
Desafios	Izazovi
Diagonal	Dijagonala
Estratégia	Strategija
Jogador	Igrač
Jogo	Igra
Oponente	Protivnik
Passivo	Pasivno
Pontos	Točke
Preto	Crna
Rainha	Kraljica
Regras	Pravila
Rei	Kralj
Sacrifício	Žrtvovati
Tempo	Vrijeme
Torneio	Turnir

Parabéns

Conseguiu!

Esperamos que tenha gostado tanto deste livro como nós gostamos de o desenhar. Esforçamo-nos por criar livros da mais alta qualidade possível.
Esta edição foi concebida para proporcionar uma aprendizagem inteligente, de qualidade e divertida!

Gostou deste livro?

Um simples pedido

Estes livros existem graças às críticas que publica.
Pode ajudar-nos, deixando agora uma revisão?

Aqui está um pequeno link para
a sua página de revisão:

BestBooksActivity.com/Avaliacoes50

DESAFIO FINAL!

Desafio n° 1

Está pronto para o seu jogo grátis? Usamo-los a toda a hora, mas não são tão fáceis de encontrar - aqui estão os **Sinônimos!**
Escreva 5 palavras que encontrou nos puzzles (n° 21, n° 36, n° 76) e tente encontrar 2 sinónimos para cada palavra.

Escreva 5 palavras de *Puzzle 21*

Palavras	Sinônimo 1	Sinônimo 2

Escreva 5 palavras de *Puzzle 36*

Palavras	Sinônimo 1	Sinônimo 2

Escreva 5 palavras de *Puzzle 76*

Palavras	Sinônimo 1	Sinônimo 2

Desafio n° 2

Agora que já aqueceu, escreva 5 palavras que encontrou nos Puzzles (n° 9, n° 17 e n° 25) e tente encontrar 2 antônimos para cada palavra. Quantos se podem encontrar em 20 minutos?

Escreva 5 palavras de **Puzzle 9**

Palavras	Antônimo 1	Antônimo 2

Escreva 5 palavras de **Puzzle 17**

Palavras	Antônimo 1	Antônimo 2

Escreva 5 palavras de **Puzzle 25**

Palavras	Antônimo 1	Antônimo 2

Desafio n° 3

Óptimo! Este desafio final não é nada para si.

Pronto para o desafio final? Escolha 10 palavras que tenha descoberto nos diferentes puzzles e escreva-as abaixo.

1.	6.
2.	7.
3.	8.
4.	9.
5.	10.

Agora escreva um texto a pensar numa pessoa, num animal ou num lugar de seu agrado.

Pode utilizar a última página deste livro como um rascunho.

A Sua Composição:

CADERNO DE NOTAS:

ATÉ BREVE!

A equipa Inteira

DESCUBRA JOGOS GRATUITOS

GO

BESTACTIVITYBOOKS.COM/FREEGAMES

www.ingramcontent.com/pod-product-compliance
Lightning Source LLC
Chambersburg PA
CBHW082212120626
46553CB00010B/3112